닮고 싶은 창의융합 인재
④ 세종대왕

닮고 싶은 창의융합 인재
❹ 세종대왕

1판 1쇄 인쇄 2016년 9월 30일
1판 1쇄 발행 2016년 10월 9일

김진욱 글 | 임대환 그림 | 손영운 기획 | 와이즈만 영재교육연구소 감수

발행처 와이즈만 BOOKs
발행인 임국진
편집인 염만숙
출판문화사업본부장 홍장희
편집 이선아 오성임 서은영 홍다휘
디자인 박영미
제작 김한석
마케팅 김혜원 전소민 유병준

출판등록 1998년 7월 23일 제1998-000170
사용 연령 8세 이상
제조국 대한민국
주소 서울특별시 서초구 남부순환로 2219 방배나노빌딩 3층
전화 마케팅 02-2033-8987 편집 02-2033-8928
팩스 02-3474-1411
전자우편 books@askwhy.co.kr
홈페이지 books.askwhy.co.kr

저작권자ⓒ2016 김진욱 임대환 손영운
이 책의 저작권은 김진욱, 임대환, 손영운에게 있습니다.
저자와 출판사의 허락 없이 내용의 일부를 인용하거나 발췌하는 것을 금합니다.

이 도서의 국립중앙도서관 출판시도서목록(CIP)은 서지정보유통지원시스템 홈페이지 (http://seoji.nl.go.kr)와 국가자료공동목록시스템(http://www.nl.go.kr/kolisnet)에서 이용하실 수 있습니다. (CIP제어번호 : CIP2016019352)

* 와이즈만 BOOKs는 (주)창의와탐구의 출판 브랜드입니다.

닮고 싶은 창의융합 인재
④ 세종대왕

글 김진욱 | 그림 임대환 | 기획 손영운
감수 와이즈만 영재교육연구소

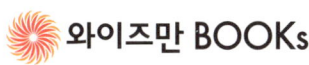

미래의 창의융합 인재들에게 이 책을 추천합니다!

여러분들은 10년 후, 20년 후에 어떤 세상에서 살게 될까요?
사실 어른들도 정확한 답을 알지 못한답니다. 하지만 창의융합 능력을 가진 인재는 미래가 어떻게 변하더라도 이를 슬기롭게 헤쳐 나가는 것은 물론, 오히려 앞장서서 변화를 만들어 나갈 수 있습니다.

창의융합 능력은 다양한 지식과 정보, 경험을 두루두루 활용하여 창의적으로 문제를 해결해 내는 능력입니다. 이런 능력을 키우는 창의융합 인재 교육을 충실히 받고, 스스로 문제 해결을 하는 경험을 쌓아 간다면 어른이 되어서 만나게 될 더 크고 복잡한 문제도 훌륭하게 해결하게 될 것입니다.

여러분이 창의융합 인재로 성장하는 데 꼭 읽어 보라고 추천하고 싶은 책이 있습니다. 바로 와이즈만북스에서 펴낸 〈닮고 싶은 창의융합 인재〉 시리즈입니다. 이 책은 어떤 사람이 내가 본받을 만한 창의융합 인재인지, 어떻게 하면 창의융합 인재가 될 수 있는지 차분히 생각해 볼 수 있도록 주인공의 일생을 한 권에 담아 매우 자세하고 흥미진진하게 이야기를 들려주고 있습니다.

창의성과 융합 능력의 원동력은 호기심이라 할 수 있습니다. 여러분들은 다방면에 호기심을 갖고 다양하게 융합해 보는 시도를 두려워하지 마세요. 또한 앞선 시대에서 호기심과 창의성, 융합 능력을 실천하고 성과를 보여 준 위인들의 삶을 보면서 여러분의 꿈을 키워 보세요. 그리고 여러분이 가진 상상력을 마음껏 표현하고 펼쳐 보이세요. 왜냐하면 여러분이 바로 미래의 창의융합 인재니까요.

한국과학교육단체총연합회 회장 최돈희

이 책이 여러분의 멘토가 되어 드립니다!

최근 우리나라 교육의 화두는 '창의융합 인재'입니다. 하지만 그 의미가 다소 추상적이어서 과연 누가 창의융합 인재이고, 그 능력을 갖추려면 어떤 노력을 해야 할지 모호한 게 사실입니다. 이것에 대한 방향을 명쾌하고 구체적으로 제시해 주는 책이 바로 〈닮고 싶은 창의융합 인재〉 시리즈입니다.

여러분이 창의융합 인재가 되기 위해서는 먼저 창의융합 인재로 우뚝 선 사람들의 삶과 태도를 면밀히 살펴보는 것이 중요합니다. 그런 다음 자신의 강점과 호기심을 발견하고 인재들의 삶에서 본받을 점을 적용하는 것입니다. 〈닮고 싶은 창의융합 인재〉 시리즈는 어린이들의 멘토가 되어 꿈과 가치관 그리고 생활 습관을 스스로 정하고 실천할 수 있도록 돕는 책입니다.

이 시리즈는 인물의 일생을 연대순으로만 나열하는 기존의 위인전과는 다르게, 창의융합적 특성과 핵심 키워드에 따라 주제별로 인물의 일대기를 재구성했습니다. 익숙한 위인을 새로운 시각으로 바라보고, 생각의 자취를 따라 그들의 머릿속으로 들어가 볼 수도 있고, 위대한 업적이 하루아침에 된 게 아니라는 것을 깨달을 수 있습니다. 아울러 한국사·세계사와 함께 보는 연표, 화보로 보는 창의융합 인재 특성, 재미있는 연관 정보, 당대의 주변 사람들의 인물평과 현대에 이어진 영향 등을 다룬 에필로그까지, 읽을거리가 풍성해 역사와 사회를 이해하는 것은 물론 자기계발의 촉진제가 되기에 충분합니다.

이 책을 읽고 많은 친구들이 창의융합 인재들의 삶 속에서 닮고 싶은 점들을 찾아 '내 것'으로 만들기를 바랍니다.

와이즈만 영재교육연구소 소장 이미경

기획자의 말

미래가 원하는 진짜 실력자는 '창의융합 인재'입니다!

오른쪽 사진은 2010년, 스티브 잡스가 아이패드를 세상에 처음 소개하는 장면입니다. 그런데 대형 스크린을 채운 이정표에 새겨진 'Technology(기술)'와 'Liberal Arts(인문학)'이라는 글이 눈에 띕니다. 잡스는 아이패드라는 첨단 전자 제품을 소개하는 자리에서 왜 '인문학'이라는 용어를 사용했을까요? 그가 나중에 했던 말을 살펴보면 그 이유를 알 수 있습니다.

"인문학과 결합한 기술, 인간애가 반영된 기술이어야 가슴을 울리는 결과를 만들어 낸다."

오늘날 우리는 잡스가 만든 아이패드와 아이폰으로 철학 강의를 듣고, 소설책을 보고, 클래식 음악을 감상하고, 영화를 봅니다. 그리고 가상 세계에서 친구를 만나 우정을 나누고 연인과 사랑의 약속을 합니다. 잡스의 말대로 아이패드와 아이폰이라는 기술은 온갖 인문학을 담아냈고, 덕분에 우리는 현실과 상상이 마음껏 어울리는 가상 세계를 갖게 되었습니다.

잡스처럼 두 분야 이상을 접목시켜 새로운 것을 창조하는 것을 '창의융합'이라고 합니다. 잡스는 가장 성공적으로 '창의융합'을 하여 사람들에게는 새로운 미래를 보여 주었고, 자신은 큰 명예와 부를 얻었습니다.

앞으로 잡스처럼 '창의융합 정신'이 충만한 사람, 즉 '창의융합 인재'들이 인류의 현재와 미래를 이끌어 나갈 게 분명합니다. 그래서 많은 나라에서 교육의 목표를 창의융합 인재의 양성으로 잡고 있고, 우리나라도 그렇게 나아가고 있습니다.

최근에 정부는 '모든 학생들이 인문·사회·과학 기술에 대한 기초 소양을 함양하여 인문학적 상상력과 과학 기술 창조력을 갖춘 창의융합형 인재로 성장할 수 있도록 우리 교육의 근본적인 패러다임을 전환하고자' 2015 개정 교육 과정을 발표했습니다. 그러면서 '창의융합형 인재'를 '인문학적 상상력', '과학 기술 창조력'을 갖추고 '바른 인성'을 겸비하여 '새로운 지식을 창조'하고 '다양한 지식을 융합'하여 '새로운 가치를 창출'할 수 있는 사람으로 정의했습니다.

정부에서 교육의 목표로 제시한 '창의융합형 인재'란 어떤 사람일까요? 이를 어린이들이 이해하기 쉽게 알려 주는 책이 바로 〈닮고 싶은 창의융합 인재〉 시리즈입니다.

〈닮고 싶은 창의융합 인재〉 시리즈는 레오나르도 다빈치, 벤저민 프랭클린, 셰익스피어, 세종대왕, 토머스 제퍼슨, 미켈란젤로, 뉴턴, 괴테, 정약용, 아인슈타인 등 인류 역사에서 가장 창의 융합적인 인물로 인정받은 10명의 인물의 삶을 보여 줍니다. 이들이 어떤 생각을 하고, 어떤 꿈을 가지고, 어떤 행동을 하며 살았기에 세상 사람들이 이들을 창의융합 인재로 평가했을까요? 이 시리즈에 그 답이 있습니다.

어린이들이 살아갈 세상은 현재가 아니라 미래입니다. 미래는 지식 창조의 시대로 자신만의 창의적이고 융합적인 콘텐츠를 가지고 있어야 힘을 가지고 앞서 나아갈 수 있습니다. 실제로 지금도 구글이나 페이스북과 같은 세계적인 기업에서는 학교 성적보다는 자신만의 콘텐츠를 가진 사람을 높이 평가합니다.

미래가 원하는 진짜 실력을 갖춘 창의융합 인재가 되기를 바란다면 이 책이 바로 그 시작입니다.

손영운

작가의 말

늘 마음에 백성을 품고 살았던 임금, 세종대왕

1392년부터 1910년까지 518년간 이어진 조선의 왕은 모두 27명이에요. 그중 오로지 한 분, 세종에게만 대왕이라는 호칭이 붙어 있지요.
이유가 무엇일까요? 세종대왕은 '한글'이라는 뛰어난 문자를 남겼을 뿐만 아니라, 다양한 분야에 걸쳐 수많은 업적을 남겼기 때문이에요.

세종대왕은 아직 나라의 기틀이 잡히지 않던 조선 초기에 각종 제도를 정비하고 정부 체계를 효율적으로 만들었어요. 4군 6진 개척으로 우리 땅을 북쪽으로 넓혔고 농사법, 인쇄술, 약재 등의 자주화를 이루었어요. 천문학에 관심이 많아 조선 최초의 달력을 만들었고, 우리 음악을 정리하여 세계무형유산으로 지정된 종묘제례악을 만들기도 했어요. 만약에 문자로 남아 있는 기록이 없었다면 한 사람이 이렇게 많은 일을 했다는 것을 믿기 어려울 거예요.
누군가는 이렇게 이야기해요. "세종대왕이 당시 조선의 최고 권력자였기 때문에 가능한 일 아니야?" 하지만 그건 단순히 왕이라는 틀 안에서만 세종대왕을 평가하는 매우 단순한 생각이에요. 왕위에 오른 세종은 자기 편의를 위해 권력을 남용하지 않았거든요. 오히려 한 나라의 왕이었기에 더욱 어려운 문제가 끊임없이 생겼지요.

중국을 향한 사대주의에 모두 빠져 있을 때 세종대왕은 자주적이고 실용적인 노선을 걸었어요. 양반들이 중국의 한자를 문자로 사용하며 불편함이 없다고 이야기할 때, 세종대왕은 백성들도 편히 쓸 수 있는 글자를 만들어 내기 위해 밤새 연구를 했어요. 한편으론 인재를 등용하여 측우기, 혼천의 등 농민들의 실생활에 도움이 되는 발명품을 함께 만들기도 했어요. 지칠 줄 모르는 열정으로 나랏일에 너무 몰두한

나머지 점점 시력을 잃어 가고 몹쓸 병도 얻었지만, 끊임없이 새로운 것을 창조하고자 했던 세종대왕의 의지를 꺾을 수는 없었어요.

세종대왕에게 왜 힘든 일을 자처했느냐고 묻는다면, 그는 아마 이렇게 대답할 거예요. "백성을 편하게 하는 것이 곧 과인이 할 일이오!" 가뭄으로 백성들이 힘들어 하면 세종대왕 스스로도 먹기를 마다하고 초가집에서 생활했어요. 그의 따뜻한 배려는 평민뿐만 아니라 노비와 죄수에게까지 미쳤어요. 당시 유명무실했던 출산 휴가를 노비들에게 제공했고, 무더운 여름날 구하기 힘든 얼음을 감옥에 갇힌 죄수들에게도 선뜻 베풀었지요. 이들 모두가 조선의 귀한 백성이라고 여겼기 때문이에요.

세종대왕이 조선 시대를 넘어 우리 역사에서 가장 훌륭한 왕으로 기억되는 이유는 무엇일까요?
그것은 아마 세종대왕의 마음이 항상 백성을 향해 있었고 거기에 그의 학문적인 깊이가 더해져 새로운 것을 창조하여 백성을 이롭게 했기 때문일 겁니다. 이 책에는 이와 같은 세종의 따뜻한 마음과 넓고 깊은 학문의 세계가 잘 담겨 있어요. 우리 함께 세종대왕을 만나러 조선 시대로 가 볼까요?

김진욱

차례

세계사와 함께 보는 세종대왕의 일생 … 12
세종대왕이 들려주는 창의융합 인재상 … 14

1 어릴 때부터 단련된 인문학적 상상력
스스로의 노력으로 왕위에 오르다

밤새 책 읽기를 좋아한 왕자 … 20
세자에서 폐위되는 양녕 … 25
왕위에 오른 세종 … 30

2 바른 인성과 남다른 포용력
인재 등용문, 집현전을 열다

반대하는 신하도 포용하다 … 42
인재를 등용하다 … 44
집현전을 세우다 … 51
토론과 소통의 달인 … 61

3 다양한 지식과 분야 융합
왕은 모름지기 백성을 보호해야 한다

대마도를 정벌하다 … 68
4군 6진을 개척하다 … 77
궁궐 안의 초가집 … 87
조선 최초의 국민투표 … 92
사회적 약자를 돌보다 … 95

4 스스로 새로운 지식 발굴
우리만의 자주화를 구현하다

우리 땅에 맞는 농사법 … 100
우리 악기를 제작하다 … 104
우리 약초를 수집하다 … 117
오례를 세우고 금속활자를 정리하다 … 125

5 세상에 없던 과학기술 창조력
조선 최고의 과학과 기술이 융성하다

천문학을 발전시키다 … 132
조선의 시간을 알아내다 … 138
노비 출신의 과학자 … 144
실용적인 기구를 만들다 … 149

6 글자 창제라는 놀라운 가치 창출
백성을 위해 한글을 만들다

훈민정음 창제에 반대한 사대부 … 160
새 글자를 만들고자 한 이유 … 169
새로운 가치 창조를 향한 꿈 … 173
한글 창제, 그 이후 … 180

세종대왕 뒷이야기 … 190

세계사와 함께 보는 세종대왕의 일생

1397년 이방원과 원경왕후의 셋째 아들로 태어나다.
1408년 충녕군으로 책봉, 심온의 딸 심씨와 결혼하다.
1413년 태종으로부터 시문이 뛰어나다고 평가받다.
1418년 6월. 양녕이 폐세자되고 충녕이 왕세자로 책봉되다.
8월. 조선의 제4대 왕으로 즉위하다.

1433년 4군을 설치하여 국경을 압록강까지 넓히다.
의약서 《향약집성방》을 완성하다.
정초 등에 의해 '혼천의'를 제작하다.
장영실이 물시계 '자격루'를 만들다.

왕위에 오른 세종

왕권 안정과 국토 확장

1419년 왜구의 약탈이 이어지자 삼군제찰사 이종무가 대마도를 정벌하다.
1420년 어머니 원경왕후가 별세하다.
1422년 아버지 태종 이방원이 향년 56세로 승하하다.
각 도에 '진제소'를 두어 빈민을 구제하다.
장영실을 상의원 별좌로 임명하다.
1424년 《고려사》를 편찬하다.
'악기도감'에서 악기를 제조하다.
1427년 황희를 좌의정에 임명하다.
박연이 아악기의 일종인 '편경'을 만들다.
1429년 정초에게 《농사직설》을 펴내도록 지시하다.
1432년 설순 등에 의해 《삼강행실도》를 펴내다.

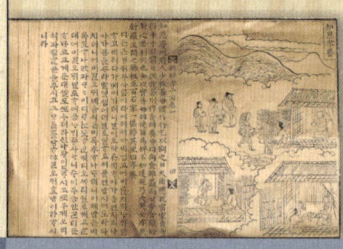

1434년 이천이 새로운 동활자 '갑인자'를 제작하다.
해시계 '앙부일구'를 종묘 앞에 설치하여 사용하다.
1436년 훈민정음 창제를 위해 집현전을 준비하다.
1437년 여진을 정벌하고, 6진을 설치하여 국경을 두만강까지 넓히다.

세계에서는 1338~1453년 영국과 프랑스의 백년전쟁이 일어나다. 1429년 잔 다르크가 영국군을 격파하다.

1441년 '측우기'를 제작하다.
　　　화약총의 일종인 '화초'를 최초로
　　　제작하다.
1443년 세자에게 정사를 보게 하다.
　　　'내의원'을 설치하다.
　　　훈민정음을 창제하고 '언문청'을
　　　설치하다.

1446년 왕비 소헌왕후 심씨가 별세하다.
　　　훈민정음을 널리 반포하다.
　　　공적 서류에 훈민정음을 사용하기
　　　시작하다.
1447년 훈민정음을 과거시험 과목에 포함시키다.
　　　《월인천강지곡》과 《동국정운》을 편찬하다.

실용적 학문을 장려함

백성들이 살기 좋은 나라

1444년 최만리 등이 훈민정음에 반대하다.
　　　집현전 학사들에게 《고금운해》를
　　　언해하도록 지시하다.
1445년 차남을 수양대군에 봉하다.
　　　'화포' 제작을 장려하다.
　　　《용비어천가》를 완성하다.
　　　《칠정산내외편》을 편찬하다.
　　　동양 최대의 한의학 백과사전
　　　《의방유취》를 편찬하다.

1449년 〈여민락〉〈치화평〉 등의 새 음악을
　　　연회에서 연주하게 하다.
1450년 2월, 영응대군의 별궁에서 승하하다(54세).

1450년 구텐베르크가 활자판 인쇄술을 발명하다.　　1452년 이탈리아에서 레오나르도 다빈치가 태어나다.

세종대왕이 들려주는 창의융합 인재상

조선은 1392년부터 1910년까지 무려 518년간 이어진 나라예요. 그사이 이씨 성을 가진 27명의 왕이 집권을 했지요. 그중 최고의 임금으로 꼽히는 세종대왕은 훈민정음 창제뿐만 아니라 조선을 문명국으로 이끈 성공한 리더였고 발명가였으며 음악가였어요. 백성들에게는 아버지 같은 따뜻한 성군이었어요. 그야말로 다재다능한 창의융합 인재, 그 자체였지요. 그럼 세종대왕이 직접 소개하는 창의융합 인재상이란 무엇인지 다 같이 살펴볼까요?

어릴 때부터 단련된 인문학적 상상력

왕으로서 제대로 정치를 하려면 지적인 지도력이 있어야 한다고 생각해요. 나는 어려서부터 책을 무척 좋아했어요. 아픈 날에도 꼭 책을 읽고 잠들었고, 춥거나 더운 날에도 배우기를 게을리하지 않았어요. 책을 통해 세상의 이치를 깨달았고 미처 알지 못했던 지식들을 습득했어요. 그 과정을 거치며 나의 인문학적 상상력은 점점 넓어졌어요. 이후 왕위에 올랐을 때 다양한 분야에서 많은 업적을 남길 수 있었어요.

바른 인성과 남다른 포용력

나는 한 나라의 왕이라는 이유로 권력을 앞세워 신하들을 굴복시키지 않았어요. 내 의견과 다르더라도 대화와 토론을 통해 합리적인 결과가 나오도록 노력했어요. 심지어 내가 왕위에 오르는 것을 반대하는 신하들도 포용하여 함께 일을 해 나갔지요. 나는 무엇보다 사람을 중히 여겼어요. 이런 마음은 백성들에게도 그대로 적용되었어요. 그리고 사회적인 약자를 우선 보살폈어요. 내가 행한 모든 업적들은 아끼고 사랑하는 백성들을 위해 시작한 것이라고 해도 과언이 아니랍니다.

다양한 지식과 분야 융합

유네스코가 선정한 세계무형유산인 '종묘제례악', 동양 최대의 한의학 백과사전인 《의방유취》, 우리 풍토에 맞는 농법을 담은 최초의 책인 《농사직설》 등은 모두 내가 왕위에 있는 동안 만들어 낸 결과물이에요. 이와 같이 여러 분야에서 놀라운 성과를 낸 이유는 각각 다른 지식을 두루두루 섭렵했기 때문에 융합할 수 있었던 거예요. 그밖에도 집현전에서 다양한 분야의 전문가를 배출하여 현장에 투입한 것도 성공적이었어요.

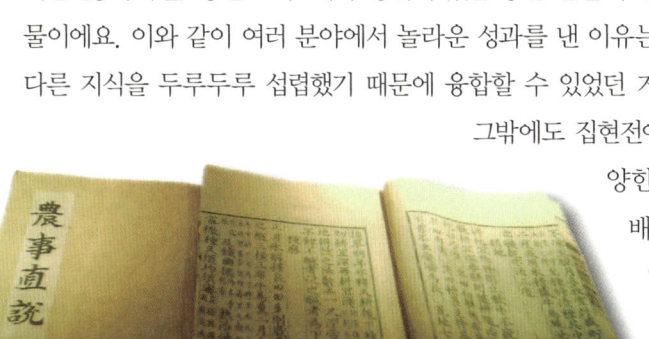
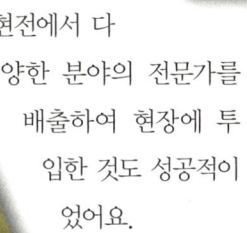

스스로 새로운 지식 발굴

나는 조선의 많은 제도와 문물이 그동안 중국의 것을 따라 한 점이 마음에 들지 않았어요. 조선은 토지와 기후 등이 분명 중국과는 다른데 농사지을 때마저 중국의 농사법을 따르고 있었거든요. 궁중의 음악이나 의원들의 약재법도 마찬가지였어요. 그래서 조선만의 새로운 지식을 만들어 내기 위해 노력했어요. 오랜 시간 동안 노력한 결과 농업, 음악, 의학 등 다양한 분야에서 새로운 지식과 문물을 창조하여 실생활에 접목시켰어요.

세상에 없던 과학기술 창조력

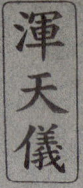

내가 왕으로 살았던 1400년대는 과학이 천대받은 시기였어요. 하지만 나는 세자 때부터 수학, 천문학 등 과학의 기초가 되는 학문에 관심이 많았어요. 과학만이 우리 백성들의 주요 생업인 농업을 발전시킬 수 있다는 확신을 가지고 자랐지요. 왕이 된 후에는 곧바로 과학에 재능이 있는 자들을 등용하여 천문의 움직임을 관측할 수 있는 '혼천의', 물의 양으로 시간을 재는 물시계 '자격루', 강우량을 측정할 수 있는 '측우기' 등을 만들었어요. 내가 왕으로 있던 시절은 조선사에 유례없는 과학적 르네상스를 맞이했어요. 이러한 과학기술 업적들을 만들 수 있었던 것은 과거처럼 이를 천시하지 않고 끊임없이 관심을 기울이며 창조력을 발휘했기 때문이에요.

글자 창제라는 놀라운 가치 창출

모든 사람들이 세종대왕이라는 이름을 생각할 때 가장 먼저 떠올리는 것은 바로 한글이에요. 이 한글로 여러분이 지금 이 책도 읽을 수 있고, 하고 싶은 말도 쉽게 쓸 수 있어요. 나는 중국의 한자가 어려워 글을 배우기 힘들어 하는 백성들을 위해 한글을 만들었어요. 당시에는 중국을 받들던 유학자들의 반대가 무척 많았어요. 하지만 나는 절대 굴하지 않았어요. 백성들을 위해 널리 쓰일 글자를 만들고 새로운 가치를 창출해야 한다는 신념이 있었기 때문이에요. 세계에서 과학적으로 가장 뛰어난 문자라는 평가를 받고 있는 우리글 한글에 대해 여러분도 자부심을 갖고 있지요?

- 밤새 책 읽기를 좋아한 왕자
- 세자에서 폐위되는 양녕
- 왕위에 오른 세종

어릴 때부터 단련된 인문학적 상상력

스스로의 노력으로 왕위에 오르다

1

세종대왕은 우리나라 역사상 가장 위대한 왕으로 손꼽혀요. 32년 동안 조선을 다스리면서 한글 창제뿐만 아니라 문화·음악·과학·정치 등 사회 전반에 걸쳐 엄청난 업적을 남겼어요. 세종이 평생 이룬 업적은 한 사람이 했다고 하기에는 믿기지 않을 정도로 방대했지요. 세종이 특별한 천재여서 그랬을까요? 아니면 단순히 왕의 자리에 있었기 때문에 이 모든 일을 할 수 있었던 걸까요?

밤새 책 읽기를 좋아한 왕자

"제발 *옥새를 거두어 주세요!"

1418년 8월 8일, 경복궁 보평전에서 젊은 사내의 절규하는 목소리가 흘러나왔어요. 편전 안에는 신하들이 여럿 있었지만 다들 숨소리조차 내지 않고 있었어요.

"소자는 아직 옥새를 받을 준비가 되어 있지 않습니다. 제발 명을 거두어 주세요. 아바마마!"

엎드린 채 연신 같은 말을 반복하는 사내는 22살의 충녕이었어요.

"이미 내 뜻을 밝혔는데 너는 어찌 이리 요란을 떠는 것이냐? 정녕 불효를 하고 싶은 것이냐?"

매서운 얼굴로 다그치는 나이 지긋한 남자는 조선의 세 번째 임금 태종이었어요. 왕의 서릿발 같은 호통에 주변 공기조차 무겁게 내려앉았어요.

"일어나거라!"

태종은 자리에서 일어난 충녕에게 곤룡포를 입히고는 익선관을 씌워 주었어요. 곤룡포는 왕이 입던 옷, 익선관은 왕이 집무할 때 머리에 쓰던 관이에요.

"아, 아바마마……."

---

*옥새 왕이 사용하는 옥으로 만든 도장으로, 국권을 상징한다. 조선 시대 대한민국 정부 수립 이후에는 국새로 바뀌어 사용되고 있다.

너무나 완강한 왕의 모습에 충녕은 말을 더듬었어요. 옥새와 곤룡포, 익선관까지 물려받자 충녕은 아버지의 결정을 돌이킬 수 없다는 것을 깨달았어요. 충녕은 아버지께 큰절을 올린 뒤 보평전에서 물러났어요. 밖에서 기다리던 신하들에게 충녕이 말했어요.

"아직 어린 제가 정사를 감당하기 어려워 계속 사양했으나 끝내 허락을 받지 못했습니다."

신하들은 일제히 땅에 엎드렸어요. 나라의 왕이 바뀌었음을 실감했지요. 충녕은 옥새를 손에 든 채 태종이 있는 곳을 돌아보았어요. 태종은 뒷짐을 지고 묵묵히 바라보고 있었어요. 모든 것을 내려놓은 태종에게 이제 더 이상 조선을 호령하던 위풍당당한 임금의 모습은 볼 수 없었어요. 충녕의 눈에서 소리 없는 눈물이 내렸어요. 충녕의 머릿속으로 지난 세월이 주마등처럼 흘러갔어요.

충녕은 1397년 4월 10일, 태종과 원경왕후의 셋째 아들로 태어났어요. 충녕이 태어날 당시, 아버지 이방원은 수많은 왕자 중 한 명일 뿐이었어요. 게다가 결혼해서는 궁이 아닌 궁 밖에서 생활했지요. 따라서 아들 충녕 역시 왕의 핏줄이면서도 궁궐 안에서 태어나지 못했어요. 할아버지인 태조 이성계는 손자가 태어났다는 소식에 크게 기뻐하고 '이도'라는 이름을 지어 주었어요. 하지만 충녕의 존재는 왕가에서 중요한 위치에 있지 않았어요. 충녕에게는 두 명의 형, 세 살 위의 양녕과 한 살 위의 효녕이 있었거든요.

다행스럽게도 충녕은 형들과 달리 아버지와 어머니 밑에서 충분한 사랑을 받으며 자랐어요. 반면 양녕과 효녕은 각각 친척 집에서 자랐어요. 왜냐하면 조선 초기, 복잡하고 잔혹한 권력 싸움이었던 '제1, 2차 왕자의 난'의 중심에 이방원이 있었고, 아버지로서 아이들이 화를 입지 않도록 보호하고 싶었기 때문이에요.

충녕의 어린 시절에 대한 기록은 자세히 남아 있지 않아요. 확실한 것은 책을 아주 많이 읽었다는 거예요. 훗날 왕위에 오른 세종이 신하들에게 이렇게 회고하며 말했거든요.

"어릴 때부터 나는 밥 먹을 때 보는 책이 유독 꿀맛이었소."

충녕은 책벌레처럼 책을 끼고 사는 것도 모자라 병에 걸려 몇 달간 요양해야 할 때도 책을 놓지 않았어요. 아버지 태종은 충녕이 건강을 돌보지 않은 채 학문에만 매진한다는 소식을 듣고 내관에게 명령을 내렸어요.

"병을 고치려 애쓰지는 않고 계속 책만 보다니……. 건강을 해칠까 염려되니 그 방에 있는 책들을 모두 치우도록 하시오."

"네. 바로 명을 받들겠습니다."

내관은 여러 시종들을 데리고 와서 충녕의 방 안에 가득한 책을 모두 가져가 버렸어요. 충녕의 서재는 순식간에 텅 비었어요.

"책 한 권도 없이 이제 무슨 낙으로 긴 시간을 보내지?"

실망한 충녕은 방을 이 잡듯이 뒤졌어요. 하지만 책이 남아 있을 리 없었어요. 그런데 그때 병풍 사이에 껴 있는 한 권의 책을 발견했어요. 잘 보이지 않는 곳에 있어 신하들이 미처 찾지 못한 듯했어요. 충녕은 자리에서 벌떡 일어나 그 책을 꺼냈어요.

"무슨 책이지?"

충녕은 표지의 제목을 확인했어요.

"오! 《구소수간》이구나!"

《구소수간》은 송나라의 유명한 문장가였던 구양수와 소동파가 서로 주고받은 편지글이 담겨 있는 책이었지요. 병색이 완연한 충녕의 얼굴에 순간 행복한 미소가 번졌어요. 충녕은 낮이나 밤이나 가리지 않고 같은 책

을 무려 천백 번이나 반복해서 읽었어요. 나중에는 종이가 너덜너덜해질 정도였어요. 충녕의 강한 학구열과 책에 대한 집착은 아버지 태종조차 말릴 수 없었어요. 비록 아들의 병이 완쾌될 때까지 책을 모두 빼앗긴 했지만 충녕의 그런 모습을 기특하게 담아 두고 있었지요. 이는 태종이 충녕을 세자로 책봉하기 전 두 번에 걸쳐 평가한 말들에 잘 나타나 있어요.

"충녕은 천성이 총명하고 민첩하며, 자못 배우기를 좋아하여 몹시 추운 때나 심한 더위에도 밤을 새워 가며 글을 읽는다."
"충녕은 배우기를 좋아하며 날마다 부지런히 한다."

이처럼 어릴 적부터 무척 영민하고 책을 좋아한 세종이지만, 훗날 왕이 되기까지 그 과정에는 참으로 복잡하고 극적인 이야기가 있어요.

원래 태종의 뒤를 이어 왕위에 오를 세자는 장남인 양녕이었어요. 양녕이 본래대로 왕이 되었다면 '세종대왕'은 없었을 테고, 어쩌면 오늘날 우리가 쓰고 있는 자랑스러운 한글도 태어나지 않았을지 몰라요. 하지만 역사의 수레바퀴는 운명적으로 충녕이 왕위에 오르도록 굴러가고 있었어요.

세자에서 폐위되는 양녕

책 읽기와 학문에 힘쓰는 충녕과 달리 양녕은 밖으로 다니며 노는 것을 좋아했어요. 세자로 책봉된 후에도 양녕의 천성은 변하지 않았어요. 하지만 태종은 후계자 교육을 통해 양녕이 장차 자신의 뒤를 이을 훌륭한 왕이 될 것이라 믿어 의심치 않았어요. 반면 총명하지만 왕의 자리에 오를 수 없는 충녕에게는 이렇게 말했어요.

"너는 크게 할 일이 없으니 네가 좋아하는 것이 있다면 마음껏 하여라!"

아버지의 속뜻은 양녕과 차별할 수밖에 없는 충녕의 신세를 위로하는 것이었어요. 여덟 살 때부터 엄청난 지원을 받아 가며 후계자로서 교육받은 양녕과 달리 충녕은 모든 것을 혼자 처리할 수밖에 없었거든요. 그래도 충녕은 실망하지 않았어요.

"제가 좋아하는 것은 오로지 책 읽기입니다. 마음 놓고 공부할 수 있는 여건만 된다면 저는 더 바랄 것이 없습니다."

태종은 고개를 끄덕였어요. 두 차례에 걸친 왕자의 난을 겪으며 왕위에 오른 태종이기에 만약 충녕이 내심 권력을 탐한다면 아무리 자신의 아들이라도 용서하지 않으려 했어요. 하지만 책에 빠진 충녕이라면 세자인 양녕을 위협하지 않을 것으로 평가했어요. 충녕이 마음 편히 공부할 수 있는 환경을 어렵지 않게 만들어 주었지요. 비록 조선 최고의 학자들은 모두 양녕의 스승이었고, 충녕은 스스로 공부를 할 수밖에 없는 상황이었지만 말이에요.

스스로 찾으며 학습했던 이때의 습관은 훗날 세종에게 위대한 왕으로서의 기틀을 마련해 주었어요. 아무리 뛰어난 스승이 가르쳐 주더라도 그저 남이 알려 주는 것만 배우고 기억했다면 세종의 인문학적 상상력은 생겨 나지 않았을 거예요. 새로운 지식에 대한 적극적인 탐구를 통해 다양한 지식을 융합할 수 있었고, 결국 한글이라는 놀라운 가치를 창출할 수 있었던 거예요. 이처럼 묵묵히 자신의 길을 걸어가던 충녕과 달리 양녕은 아버지 태종과 대신들의 기대에 어긋나는 행동을 많이 했어요.

양녕은 대대로 무인 출신이었던 가문의 장손답게 사냥을 좋아했어요. 스승에게 가르침을 받아야 할 수업 시간에도 산을 누비며 사냥을 다녔지요. 이런 소식을 들을 때마다 태종은 세자를 맡고 있는 신하들을 크게 나무랐어요. 하지만 작정하고 밖으로 쏘다니는 양녕을 말릴 수 있는 사람은 아무도 없었어요. 내관이나 학자들은 정작 교육보다 사냥 나간 세자를 잡으러 다니는 게 일상이었어요. 세자가 공부에 흥미를 갖지 않는 이유를 알기 위해 태종은 양녕의 스승들을 불러 모았어요.

"혹시 공부 방법이 너무 어렵고 재미없어서 그런 것 아니오?"

스승들의 얼굴이 빨개졌어요. 태종의 말은 마치 자신들이 제대로 가르치지 못한다는 것처럼 들렸기 때문이에요.

"조선의 선비라면 모두 배우는 공부입니다. 하지만 세자께서 별로 관심이 없어 보입니다."

대답을 듣고 태종은 고민했어요.

"배움에 뜻이 있어야 하거늘. 아무래도 세자가 공부에 흥미를 가지도록 도와야 할 것 같소. 당장 쉽게 읽을 수 있는 책을 만들도록 하시오."

급기야 태종은 세자를 위한 맞춤형 교재까지 제작할 정도로 양녕의 교육을 위해 최선을 다했어요. 하지만 태종의 노력에도 양녕은 별로 달라지지 않았어요.

아버지의 바람과 달리 양녕은 한층 대범한 행동을 하기 시작했어요. 세자궁으로 거리의 악공과 한량을 불러 모아 밤새 풍악을 울리며 잔치를 벌이는가 하면 도박에도 손을 대기 시작했어요. 당연히 수업 시간에 늦는 일이 다반사였지요. 그러다 결국 대형 사고를 치고 말았어요. 세자비가 있는데도 다른 남자의 첩을 마음에 담아 몰래 만나기 시작했던 거예요. 장남의 비도덕적인 행실을 알아챈 태종은 세자로서 품위를 지키기는커녕 하루가 다르게 경망한 행동을 일삼는 양녕을 직접 불러 크게 화를 냈어요. 하지만 양녕은 전혀 반성하지 않았어요. 날이 갈수록 태종의 근심은 깊어 갔어요.

'정녕 세자를 폐위해야 한단 말인가.'

태종의 마음을 읽은 듯 신하들은 세자에 대한 상소를 올리기 시작했어요. 이 일에는 모든 정부기관의 관리들까지 동참했어요. 한두 명의 뜻이 아니라 대부분의 신하들이 세자를 골칫거리로 생각한다는 의미였어요.

상소문

세자의 행동을 신하 된 도리로 지켜본 바, 이 나라의 왕위를 이어받아 백성을 편하게 하고 예의 모범이 될 만한 가능성이 보이지 않사옵니다. 왕세자를 폐하는 것이 옳을 듯합니다.

태종은 신하들이 올린 상소를 모두 읽고 길게 탄식했어요.

"온통 세자 이야기뿐이니 머리가 아플 지경이구나."

차마 인정하고 싶지 않았지만 신하들도 똑같이 느끼고 있었던 거예요. 좀 더 나이가 들면 잘못을 반성하고 철든 모습을 보여 줄 거라 기대했던 시간이 부질없게 느껴졌어요.

"하늘이 세자를 버린 것인가. 이제 과인도 어쩔 수 없구나. 세자를 폐위하도록 하여라!"

왕위에 오른 세종

세자의 자리는 오래 비워 둘 수 없었어요. 태종은 신뢰하는 몇몇 신하들을 불러 의논을 했어요.

"경들도 알다시피 맏이를 폐하고 그 동생들 중에 하나를 세우는 것은 *변란이 발생할 수 있는 일이다. 따라서 폐세자인 양녕의 두 아들 중 하나를 세자로 세우려고 한다. 경들의 뜻은 어떠한가?"

한상경을 비롯한 일부 신하들은 태종의 뜻에 따르겠다고 말했어요. 하지만 유정현과 심온은 눈을 마주 보며 고개를 끄덕였어요. 두 사람은 뭔가를 결심한 듯 앞으로 나서며 말했어요.

***변란** 난리가 일어나 세상이 어지러움.

"세자의 두 아들은 이제 다섯 살과 세 살이므로 세자로 책봉하기엔 너무 어리옵니다."

태종은 한숨을 내쉬었어요.

"그럼 다른 방안이라도 있는 것이오?"

"어진 사람을 세자로 책봉함이 마땅하다 생각합니다."

"어진 사람이라면?"

태종은 둘째 아들인 효령과 셋째 아들인 충녕을 떠올렸어요. 둘 중에 신하들이 원하는 어진 사람이 누구를 의미하는지를 금방 눈치 챘어요. 효령은 순하기는 하나 융통성이 없고 조용하며, 몸 또한 무척 약했어요. 불심이 강해 궁궐 밖 절에 가서 불공을 드리는 게 일상이었지요. 효령은 세자 후보로서 자격 미달이었어요.

반면 충녕은 품위가 있으며 학습에 대한 열의 또한 높다고 궁궐 안에 이미 소문이 자자했어요. 사람 사이의 예의가 밝으며 지혜가 있어 치우침이 없다는 평가도 많았지요. 태종은 밤새 고민을 했어요. 그리고 다음 날 신하들을 다시 불러 모아 재차 물었어요.

"경들이 말하는 어진 사람이라는 조건에 충녕이 적합한 인물인가?"

잠시 정적이 흘렀어요. 새로운 세자를 택하는 일인 만큼 신중하게 답해야 했어요. 잠시 후 용기 있는 한 신하가 앞으로 나서서 머리를 깊이 숙이며 말했어요.

"그러하옵니다."

왕위 계승을 둘러싼
왕자의 난

조선 초기, 태조 이성계가 이방원의 이복동생인 방석을 세자로 삼고 정도전, 남은 등의 신하들도 이에 지지하자 이방원은 크게 화가 났어요. 조선의 개국에 가장 공이 큰 자신을 무시한 것이라 생각했지요. 그러다 태조 7년인 1398년, 이방원파와 정도전파 사이에 싸움이 벌어졌어요. 이방원은 정도전이 왕자들을 죽이려 한다고 누명을 씌워 죽였어요. 세자인 방석(당시 17세)을 귀양 보내는 중에 죽이고, 다른 이복형제 세 명도 살해했어요. 이것이 첫 번째 왕자의 난이에요.

그로부터 2년 뒤인 1400년, 또다시 태조의 아들 이방원과 이방간이 세자 자리를 두고 싸운 것이 두 번째 왕자의 난이에요. 당시 태조는 첫 번째 난의 충격으로 왕위를 둘째 아들 이경(정종)에게 내줬어요. 넷째 이방간은 형에 이어 왕위를 계승하고 싶었으나 아랫동생인 이방원보다 여러모로 뒤처지자 시기해서 사병을 일으켰어요. 그러나 개경에서 벌어진 전투에서 이방간이 졌고, 이후 이방원이 태종으로 즉위했어요.

뜻을 펼치지 못하고 결국 이렇게 되었구먼……

남은   정도전   이방석   이방번

그러자 다른 신하들도 모두 머리를 조아리며 화답했어요. 태종은 결심한 듯 공표했어요.

"충녕은 천성이 총명하고 학문을 좋아하여 몹시 춥고 더운 날씨라도 게을리하지 않고 글을 읽으며, 국가를 위한 소견 또한 매우 뛰어나니 능히 큰 자리를 맡길 만하다. 이제 과인은 충녕을 새로운 세자로 삼고자 한다."

그리고 1418년 8월 8일, 충녕이 세자에 오르고 두 달이 흐른 날이었어요. 태종이 긴히 할 말이 있다며 신하들을 급히 경회루로 불러 모았어요. 긴장한 신하들 앞에 태종은 근엄하게 입을 열었어요.

"이제 세자에게 왕위를 넘기고 나는 물러나려 한다."

태종의 한 마디에 신하들은 어찌할 바를 몰랐어요. 충녕으로 세자가 바뀐 지 고작 두 달이었기에 태종의 결정은 예상치 못했어요.

"아직 충녕대군은 세자 수업도 제대로 받지 못했습니다. 때가 너무 이른 듯합니다!"

여러 이유를 들어 신하들은 태종에게 반대 의견을 냈어요. 하지만 태종은 흔들리지 않았어요. 반대하는 신하들에게 자신이 왕위에서 물러나야 할 이유를 말했어요.

"왕이 된 지 어느덧 18년이 흘렀고, 아버지 태조와의 불화로 인해 왕위에서 하루도 편할 날이 없었다. 또한 과인이 부덕하여 하늘에서 오랫동안 가뭄을 내리고 있으니 좋지 않다."

하지만 가장 중요한 이유는 따로 있었어요. 바로 충녕이 왕위에 오르기에는 명분이 약했기 때문이었어요. 장남이 세자에서 폐위되고 셋째가 왕위에 오른다는 건 당시 조선 시대에는 용납하기 어려운 일이었어요. 첫째가 사망했거나 유약한 경우라면 어쩔 수 없지만, 양녕은 그렇지 않았으니까요. 태종은 늘 불안했어요. 스스로도 명분과 정통성 없이 두 번의 왕자의 난을 통해 왕위에 올랐기에 만약 자신이 갑작스럽게 쓰러지기라도 한다면, 힘 있는 신하나 친척이 왕위를 차지하려 들지 않을까 걱정했어요. 그래서 건강할 때 왕위를 물려주고 싶었던 거예요. 셋째가 세자가 된다는 것을 빌미로 사람들이 양녕과 효령을 부추길 수 없도록 말이죠.

보평전으로 자리를 옮긴 태종은 큰 목소리로 외쳤어요.

"속히 대보를 바쳐라."

대보는 왕이 국정 운영에 쓰는 도장인 옥새를 뜻해요. 그러자 어떤 신하들은 명령을 거두어 달라고 통곡하기도 했어요. 급기야 영의정은 옥새를 운반하는 관리를 가로막아 태종에게 나아가지 못하게도 했어요.

"전하, 한 나라의 왕이 결정되는 문제입니다. 너무 급박하니 서두르지 마시고 제발 명을 거두어 주십시오."

영의정이 울음 섞인 목소리로 말하자 태종은 소리를 질렀어요.

"과인의 명령인데 신하가 듣지 않다니, 이 무슨 행동인가!"

서슬 퍼런 태종의 외침에 옥새를 가로막던 신하들은 길을 터 줄 수밖에 없었어요. 태종은 옥새를 받아 들고 다시 명했어요.

"세자를 불러오거라!"

세자전에서 책을 읽고 있던 충녕은 이때까지도 무슨 일이 벌어지고 있는지 전혀 몰랐어요. 왕위 계승에 대한 그 어떤 언질도 받지 못했거든요. 보평전 앞에 도착한 충녕은 엎드려 우는 신하들을 보았어요.

'도대체 무슨 일이기에 다들 이러는 거지?'

충녕은 빠른 걸음으로 들어갔어요. 충녕이 허리 숙여 인사하자 태종은 그를 가까이 불렀어요. 그리고 손에 든 옥새를 내밀었어요.

"이제 이 옥새를 네게 주겠으니 받도록 하여라."

"네?"

충녕은 깜짝 놀라 그 자리에 엎드렸어요. 너무 놀라 다음 말을 하는 것도 잊어버렸어요.

"세자는 일어나서 어서 옥새를 받거라!"

태종이 다시 한 번 말했어요. 하지만 충녕은 끝내 일어나지 못한 채 간신히 입을 열었어요.

"아바마마, 제발 옥새를 거두어 주세요."

그러자 태종은 충녕에게 다가가 직접 몸을 일으키며 아들의 손에 옥새를 손수 쥐어 주었어요. 조선의 새로운 왕이 탄생하는 순간이었어요. 태종의 갑작스러운 결정으로 인해 역사가 바뀐 것이지요. 후대 사람들은 태종이 임금으로서 가장 잘한 점이 충녕의 능력을 알아보고 왕의 자리에 앉힌 것이라고 평가하기도 해요.

세종의 시작은 무척 초라했어요. 왕위 계승의 정식 절차를 밟지 않았으니 화려한 즉위식도 없었어요. 태종의 힘으로 왕위에 오르긴 했지만 제대로 준비할 시간도 없었고, 신하들을 아우를 권위도 없었어요. 왕으로서의 능력을 의심하는 사람들도 많았지요. 게다가 조선이 건국된 지 겨우 26년밖에 지나지 않아 나라 안팎으로 매우 혼란스러운 시기였어요.

조선을 건국한 태조 이성계는 6년, 다음 왕인 정종은 고작 2년 동안 왕위에 머물렀기 때문에 제대로 나라의 기틀을 다질 시간이 없었어요. 그다음 세 번째인 태종은 18년간이나 보위를 이었지만 왕자의 난이라는 대대적인 숙청을 통해 스스로 왕이 되었기 때문에 재임 기간 내내 시비에 휘말릴 것을 두려워했어요. 이처럼 조선 초기에는 시간적 제약과 왕권 강화를 위한 정치 보복에 집중하느라 백성들의 삶을 제대로 돌보는 임금이 없었지요.

그 사이 백성들은 동쪽으로는 왜구들에게, 북쪽으로는 여진족에게 약탈당하는 고통을 받고 있었어요. 나라 안으로는 가뭄이 계속되어 백성들의 식량이 부족했고, 의약품이나 각종 필수품들을 중국에서 비싼 값으로 수입해야 했기 때문에 백성들의 생활은 더욱 어려워졌어요.

영리한 세종은 백성들의 이런 상황을 잘 알고 있었어요. 세종은 자신에게 질문을 던졌어요.

'내가 이 나라를 잘 다스릴 수 있을까?'

옥새를 받은 첫날, 마음이 무겁고 복잡한 세종은 밤새 잠을 이루지 못했어요. 며칠 밤, 고민에 고민을 했지요. 세종은 결국 피할 수 없는 현실을 받아들였어요.

'내 어깨에 한 나라와 백성들의 운명이 달렸구나.'

이제 세종은 왕답게 처신하기로 결심했어요. 세종은 밝아 오는 햇살을 맞으며 취임사를 작성했어요.

취 임 사

삼가 생각하건대 태조께서 나라를 만드시고, 태종께서 대업을 이어받으셨고, 내가 다시 이어받았다. 따라서 일체의 제도는 모두 선대의 왕께서 만들어 놓으신 법도를 따라갈 것이다. 또한 인(仁)을 베풀어 정치를 펴겠다.

어찌 보면 평범한 취임사일 수 있지만, 그 안에는 깊은 뜻이 담겨 있었어요. 왕이 바뀌었지만 큰 변화는 없을 테니 신하들을 향해 안심하라는 의미였지요. 정치적 보복이나 급격한 정치·사회·경제·제도 변화에 대한 걱정을 사전에 막은 것이에요. 1418년 8월 11일, 세종의 나이 겨우 22살이었어요.

세종의 세자 책봉 후 양녕과 효령의 운명은?

장자였던 양녕이 세자에서 폐위된 뒤 조정엔 긴장이 감돌았어요. 태종이 또다시 형제간의 피를 불러오지 않을까 두려워했어요. 과격한 일부 신하들은 아예 양녕과 효령을 숙청해야 한다는 상소를 끊임없이 올렸어요. 장자가 살아 있으면 이후에라도 그를 왕으로 다시 세우려는 반역이 일어날 수 있다는 게 그 이유였지요. 실제로 세종에게 임금 자리를 물려준 태종은 세종의 장인인 심온 등 외척은 물론 왕권에 위험 요소가 될 만한 인물들을 사정없이 죽였어요. 그 과정에서 세종은 반항조차 하지 못했어요. 형처럼 자신도 언제든 쫓겨날 수 있다고 생각했기 때문이에요. 결국 태종은 신하들의 거듭되는 숙청 요구에도 불구하고 아들인 양녕과 효령에게는 해를 가하지 않고 세상을 떠났어요. 그 후에도 양녕에 대한 처벌 상소가 계속되었지만 세종은 의연했어요. 오히려 형이 조정에 해를 끼칠 사람이 아니라고 신하들을 설득했지요. 훌륭한 인품의 세종이 왕위에 오른 것은 양녕과 효령에게도 천운이었어요.

- 반대하는 신하도 포용하다
- 인재를 등용하다
- 집현전을 세우다
- 토론과 소통의 달인

바른 인성과 남다른 포용력

인재 등용문, 집현전을 열다 2

세종은 제대로 준비도 되지 않은 상태에서 왕위를 물려받았어요. 당시 세종은 젊었고 왕으로서 명분이 약했기에 잘할 수 있을지 의심하는 사람들이 많았어요. 왕이라도 신하와 백성들이 따르지 않으면 자신의 뜻을 펼치기 어려운 법이에요. 세종은 그들의 마음을 사로잡아 진심으로 자신을 따르게 해야 하는 과제를 안고 있었어요. 이제부터 젊은 왕, 세종의 집권 초기로 가 볼까요?

반대하는 신하도 포용하다

세종의 취임사를 전해 들은 태종은 고개를 끄덕였어요. 태종은 세종이 권력을 잡아도 자신을 중심으로 질서를 크게 뒤바꿀 사람이 아니라는 것을 이미 파악하고 있었어요. 하지만 한양에서 북쪽으로 떨어진 교하(지금의 파주)에 유배를 가 있던 한 신하의 생각은 달랐어요.

그는 바로 황희였어요. 황희는 태조가 나라를 세울 때 공을 세우고, 태종도 옆에서 모신 신하였어요. 당시 유배지에 있던 황희는 세종의 취임사에 담긴 의미를 그대로 믿을 수 없었어요.

'다른 사람은 몰라도 나에게는 반드시 보복할 거야. 내가 지금까지 한 일을 생각하면 새로운 왕께서 내 목숨을 거둔다고 해도 무리는 아니지.'

황희가 이렇게 생각하는 데는 그만한 이유가 있었어요. 황희는 양녕의 폐위를 앞장서서 반대했을 뿐만 아니라 양녕의 잘못된 행실도 옹호했어요. 세종이 왕위에 오르는 것을 반대한 셈이지요. 황희는 당시를 회상했어요.

"멀쩡히 살아 있는 왕세자를 폐위시키고 새로운 왕세자를 세우는 것은 국본을 너무 쉽게 바꾸는 것이라 아룁니다."

國本
나라 국 근본 본

황희가 계속 반대하자 태종은 크게 화를 냈고, 급기야 관직을 빼앗아 교하로 유배를 보냈어요. 황희는 새 임금이 사약을 보내더라도 의연하게 받아들이겠다고 마음먹었어요.

얼마 후 세종은 황희를 궁으로 불러들였어요.

'드디어 벌을 내리시는구나.'

한양으로 향하던 황희는 땅이 꺼져라 한숨을 쉬었어요. 어느덧 궁궐에 도착해 세종 앞에 섰어요. 새로운 왕과는 처음 대면하는 자리였어요. 주위에 서 있는 신하들은 황희가 해 온 말들을 잘 알고 있기에 어떤 엄벌을 내릴까 긴장하며 바라보았어요. 하지만 세종은 모든 이들의 예상을 깨뜨렸어요.

"이제 경의 유배를 풀어 줄 테니 *복직하시오."

황희는 자신의 귀를 의심했어요. 다른 신하들도 놀라기는 마찬가지였어요. 새 왕이 지난 일을 다 잊은 것 같다며 웅성거렸어요. 급기야 신하 중 하나가 앞으로 나섰어요.

"황희는 전하를 인정하지 않았던 자입니다. 그 명을 거두어 주십시오."

그러나 세종은 결정을 바꾸지 않았어요. 오히려 반대하는 신하를 향해 황희를 관직에 복귀시키는 이유를 차분히 설명했어요.

"황희는 세상을 다스릴 수 있는 재주와 학문을 지니고 있습니다. 덕망이 높아 모든 관리들의 모범이 될 수 있고, 많은 경험이 있어 문제가 발생하면 여러 가지 방법을 제시할 수 있습니다. 아버지가 신임해서 썼으니 과인 또한 신뢰하지 않을 수 없습니다."

세종은 사사로운 감정을 버리고 오로지 황희가 좋은 인재라는 사실에 주목해 옆에 두고자 했던 거예요.

***복직** 물러났던 관직이나 직업에 다시 종사함.

"전하!"

세종의 진심을 깨달은 황희가 그제야 입을 뗐어요. 주름진 얼굴 위로 뜨거운 눈물이 흘러내렸어요.

'저런 분이 왕이 되는 것을 내가 반대했다니.'

황희는 자신의 눈이 멀었던 것이라며 자책했어요. 그리고 남은 생을 세종을 도와 올바른 나라를 이끌어 가는 데 모두 쏟기로 결심했어요.

그 후 황희는 무려 18년간이나 세종 옆에서 국정을 도왔어요. 기력이 쇠해 사직을 요구한 적도 있었지만, 그때마다 세종은 허락하지 않았어요. 황희 역시 자신을 인정해 준 임금이었기에 죽는 날까지 충심을 바쳤고 지금도 깨끗한 관리의 상징으로 역사에 길이 남게 되었어요.

황희가 세상을 떠난 후 집안에 남긴 재산이 없어 딸의 혼수를 장만하지 못했다는 소식을 들은 세종은 신하를 시켜 왕실의 공주가 결혼하는 것과 똑같은 혼수를 내려 주었어요. 의리 있는 임금님이라는 백성들의 칭송이 자자했지만, 올바른 인성을 중시한 세종으로서는 당연히 해야 할 일을 한 것뿐이었어요.

인재를 등용하다

세종이 황희를 거둔 이유는 무엇일까요? 이는 인재를 대하는 세종의 원칙이었어요. 세종은 나라를 바르게 이끌려면 혼자만의 힘으로 되지 않는다고 생각했어요. 나라의 기틀을 다지기 위해서는 학식과 경험이 풍부하고 덕망이 있는 인재를 등용해야 한다고 생각했어요. 자신을 도와줄 전문성을 갖춘 유능한 사람이 필요하다고 느낀 거예요. 따라서 세종이 즉위하자마자 가장 처음 한 일은 인재를 선발하는 일이었어요.

세종은 직접 보고 뽑겠다는 생각으로 많은 사람들을 만났어요. 하지만 원하는 인재를 찾기가 무척 어려웠어요. 나랏일을 하는 사람이라면 백성

을 위해 봉사한다는 올바른 신념을 가지고 있어야 했어요. 그러나 당시 세종이 만난 사람들은 대부분 권력에 빌붙으려고 하는 아부꾼들이 많았어요. 비록 왕 앞이라도 쓴소리를 피하지 않으며, 뛰어난 능력과 올바른 사상을 지닌 사람을 원했어요.

'정녕 조선 땅에는 인재가 없는 것인가?'

세종은 자신이 찾는 인재가 나타나지 않자 그 이유를 곰곰이 생각했어요. 쉽사리 답을 찾을 수 없자 궁궐의 서가로 향했어요. 할아버지인 태조가 *위화도회군을 하고 조선을 건국할 때부터 정종과 아버지 태종을 거치는 동안의 역사 기록을 샅샅이 검토했어요. 그 결과 세종은 뜻밖의 사실을 발견했어요.

'사람들이 너무 많이 죽었어!'

고려 말부터 조선 초기에 이르기까지 권력 다툼에 엮인 수많은 사람들이 목숨을 잃었던 거예요. 대부분 사람의 능력과 상관없이 누구 아래로 줄을 섰느냐에 따른 '편 가르기'에 의해 마지막을 맞이했어요. 신하들은 언제 찾아올지 모르는 죽음 앞에서 풍전등화 같은 삶을 부지하고 있었던 거예요. 제아무리 능력 있는 인재라도 몸을 감출 수밖에 없었어요. 차라리 출세하지 않는 것이 목숨을 지키는 것이라는 인식도 있었지요. 오랜 시간 고민하던 세종은 결론을 내렸어요.

---

*위화도회군 고려 말 태조 이성계가 압록강 위화도에서 군사를 돌려 왕을 내쫓고 정권을 장악한 사건.

왕이 즉위하면
죄수들을 사면해 준다고?

조선 시대에는 새로운 왕이 즉위할 때 자비와 민심 수습 등을 이유로 죄수를 사면赦免해 주는 관례가 있었어요. 사면이란 '죄를 지은 자를 용서하여 형벌을 면제해 준다'는 뜻이에요. 왕의 특권으로 베풀어진답니다.

세종대왕은 즉위하면서 대규모 사면령을 발표했으나, 다음 몇 가지만큼은 특별히 사면 대상에서 제외시켰어요.

첫째, 나라를 뒤집으려는 모반을 하려 한 자.

둘째, 조부모나 부모를 해친 자.

셋째, 남편을 죽인 처나 첩.

넷째, 주인을 죽인 노비.

다섯째, 귀신의 저주를 이용하거나 독약을 써서 사람을 해친 자.

사면에서 제외되는 죄목들의 공통점은 사회질서를 크게 흩뜨릴 수 있다는 것이에요. 세종대왕이 사회질서의 혼란을 엄히 다스리려고 한 점이 사면령에서도 잘 나타나 있어요.

草野
풀 초 들 야

武
호반 무

'우리 조선에 결코 인재가 없는 것이 아니야. 단지 그들이 앞으로 나서지 않을 뿐! 우선 좋은 환경을 만들어 줘야겠어.'

세종은 초야에 묻혀 있는 인재를 조정으로 끌어내기로 결심했어요. 먼저 과거제도부터 고쳐 나갔어요. 무를 중시했던 선왕들의 영향 때문에 문과보다 무과에 응시자들이 몰리는 경향이 있었어요. 무과는 무예만 잘하면 되니, 공부에 관심 없는 양반 자제들은 무과를 벼슬로 가는 등용문이

라고 생각했어요.

"문과에 비해 무과가 너무 쉽다. 무과에 학문을 측정할 수 있는 시험을 추가하도록 하라."

세종의 명에 따라 과거제도는 개편되었어요. 과거시험의 마지막 날에는 세종이 친히 시험장으로 나아가 직접 과거시험의 문제를 출제하기도 했어요. 이것을 책문이라고 해요. 책문은 오늘날의 논술시험처럼, 왕이 시사 문제를 제시하면 응시자들이 서술형으로 작성하는 시험이에요.

세종은 다음과 같은 문제를 냈어요.

"왕이 말하노라. 인재는 국가의 지극한 보배다. 세상에 인재를 쓰고 싶지 않은 임금이 어디 있겠느냐. 하지만 임금이 인재를 쓰지 못하는 세 가지 경우가 있다.

첫째는, 인재를 알아보지 못하는 것이다.

둘째는, 인재를 절실하게 구하지 않기 때문이다.

셋째는, 임금과 인재의 뜻이 일치하지 못할 경우다.

임금이 인재를 알아보지 못하고, 신하가 임금과 뜻을 일치하지 못하는 것은 두 맹인이 만나는 것과 같다. 어떻게 하면 인재를 등용하고 육성할 수 있겠느냐? 각기 전력을 다해 답하도록 하라."

이날 세종이 낸 문제는 자신의 고민을 그대로 반영한 것이었어요. 이에 한 응시자의 답이 아주 뛰어났어요.

"완전한 재능을 가진 사람은 세상에 없습니다. 그러므로 적합한 자리에 사람을 고용하여 인재로 키워야 합니다. 그리고 모든 일에 능한 사람도 없습니다. 따라서 일을 지속적으로 맡겨 능력을 키우는 것이 중요합니다.

그 사람의 결점과 허물만 지적한다면, 아무리 뛰어난 능력을 가진 사람이라도 인재가 될 수 없습니다. 따라서 단점을 버리고 장점을 취하는 것이 인재를 구하는 가장 기본적인 원칙입니다. 그리한다면 모든 사람을 부릴 수가 있습니다."

한 마디로, 완성되어 있는 인재만 찾지 말고 적당한 사람에게 일을 맡기되 단점은 버리고 장점은 키워서 능력 있는 인재로 키우라는 말이었어요.

이 답안을 제출한 사람은 바로 선비 강희맹이에요. 이 시험으로 그는 장원 급제했지요. 한층 강화된 과거제도를 통해 뛰어난 인재들이 많이 관직으로 진출했어요. 세종은 한발 더 나아가 이조판서 허조와 함께 인사 검증 체계를 만들었어요. 새로운 인재 발굴을 위한 세종의 계획이 본격적으로 시작되었어요.

집현전을 세우다

세종은 엄격하게 선발된 인재들을 두고 또 다른 고민에 빠졌어요. 당장 나랏일을 맡기는 실무에 투입하기보다 전문성을 기르도록 뒷받침해 주고 싶었어요. 인재를 키울 수 있는 기관이 필요하다고 생각한 거예요. 그때 세종의 머리에 떠오른 것이 바로 집현전이었어요. 고려 때부터 있었던 집현전은 학문을 연구하는 작은 기관 중 하나였어요. 세종은 집현전을 인재의 등용문으로 삼기로 결정했어요.

세종 2년인 1420년, 집현전을 궁궐 안으로 옮겨 확대 개편했어요. 이게

集賢
모을 집 어질 현

끝이 아니었어요. 집현전을 이끌어 갈 사람이 더욱 중요했거든요. 집현이란 본래 '인재를 모으다'라는 뜻이기에 그 안에서 배우고 일할 인재 선발은 그만큼 중요했어요.

'이곳에서 할 일이 많아. 그러려면 실력도 있고, 어진 사람이어야 해. 또 힘든 학문을 연구하려면 젊고 패기 있는 사람을 잘 가려 뽑아야 해.'

세종은 어릴 적부터 끼고 살았던 《논어》의 한 구절을 떠올렸어요.

> 학문을 아는 자는 이를 좋아하는 사람만 못하고,
> 학문을 좋아하는 자는 이를 즐기는 자만 못하다.

세종이 세운 원칙에 맞는 인물은 시키는 일만 하는 수동적인 사람이 아니었어요. 진정으로 즐기며 스스로 학문을 연구하고 익힐 수 있는 사람이었어요. 세종은 이러한 사람들을 어서 찾아 나라에 필요한 새로운 지식과 기술을 만들어야 한다고 생각했어요. 세종으로부터 까다로운 선발 과정을 거쳐 등용된 인물은 정인지, 성삼문, 박팽년, 신숙주, 하위지 등이었어요. 세종과 함께 조선 시대의 문명을 화려하게 꽃 피운 천재적인 인물들이에요.

초창기의 집현전은 인재 육성을 최우선으로 했기 때문에 단기간에 성과가 나오지 않았어요. 그저 밥 먹고 연구만 하는 사람들이 모인 곳이라는 오명을 쓸 수 있어서 세종은 집현전의 위상을 높이기 위한 작업을 했어요.

"정1품 정승 중에서 집현전의 책임자 두 명을 임명한다!"

세종의 말에 신하들이 술렁거렸어요. 그도 그럴 것이 정승은 조선 시대 최고로 으뜸가는 벼슬이었어요.

"전하, 정1품 정승을 고작 집현전에 임명해 보내는 것은 어울리지 않다고 생각합니다."

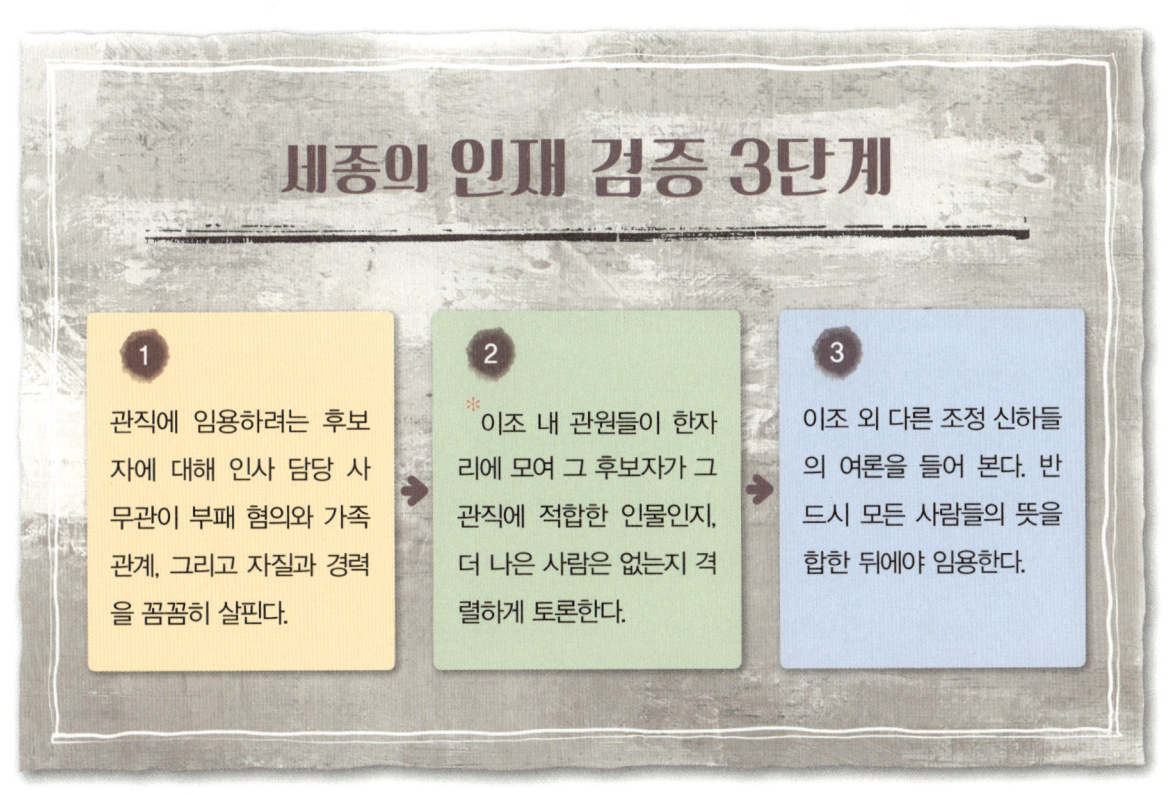

세종의 인재 검증 3단계

1 관직에 임용하려는 후보자에 대해 인사 담당 사무관이 부패 혐의와 가족 관계, 그리고 자질과 경력을 꼼꼼히 살핀다.

2 *이조 내 관원들이 한자리에 모여 그 후보자가 그 관직에 적합한 인물인지, 더 나은 사람은 없는지 격렬하게 토론한다.

3 이조 외 다른 조정 신하들의 여론을 들어 본다. 반드시 모든 사람들의 뜻을 합한 뒤에야 임용한다.

*이조吏曹 국가의 정무를 나누어 맡던 여섯 관부인 육조(이조·호조·예조·병조·형조·공조) 중 문관의 선임과 훈봉, 관원의 성적 등을 맡아보던 관아.

신하들이 반대 의견을 냈어요. 신하들의 반대도 무리가 아니었어요. 인재를 육성하고 학문을 연구하는 기관에 정승급 대신을 임명한다는 것은 그 당시로서는 상상도 못할 일이거든요. 하지만 세종의 결심은 확고했어요.

"앞으로 집현전은 조선의 정치뿐만 아니라 문화와 기술 분야의 핵심 기관이 되어 백성의 삶과 밀접한 일을 해낼 것이다. 이런 집현전의 최고 책임자로 그럼 대체 어느 직책이 어울린단 말인가?"

반대하던 신하들은 꿀 먹은 벙어리가 됐어요. 이제 막 시작하는 기관의 먼 미래까지 내다보는 세종에게 반박할 논리가 없었어요. 이는 사실 집현전이 궁궐 내 다른 기관에 밀려 푸대접을 받지 않길 바라는 세종의 세심한 마음이 반영된 것이었어요. 최고 책임자로 높은 직책의 인물이 버티고 있으면 다른 기관에서 집현전을 함부로 무시하지 못할 테니까요. 암투와 질시가 심한 궁궐에서 집현전 학사들이 자부심을 갖고 열심히 연구할 수 있도록 장치를 마련한 것이지요.

세종의 뜻에 따라 집현전 최고직인 영전사는 정1품의 재상인 박은과 이원이 맡았어요. 그리고 실질적인 운영자인 대제학은 판서급인 정2품의 류관과 변계량이 임명됐어요. 또한 세종은 집현전 학사들이 학문과 연구에만 매진할 수 있도록 집현전 전담 노비를 배정하고, 잡무를 도와줄 서리도 열 명이나 두었어요. 놀라운 점은 재택하며 근무한 학사들도 있었다는 점이에요. 세종은 단순히 출퇴근만 잘한다고 좋은 평가를 내리지 않았어요.

 "모름지기 학사는 학문을 연구하고 책을 편찬하는 일에 전념해야 하는 법! 집에서 하는 것이 더 잘된다면 굳이 집현전에 나오지 않아도 좋다."

이런 파격적인 조치는 공부를 누구보다 많이 해 본 세종이라 가능했어요. 어릴 적부터 책에 파묻혀 공부했기에 집중과 끈기가 무엇보다 중요한 덕목인 것을 알았던 거예요. 하지만 집에서 일하는 것이 그저 편하기만 했을까요? 아니었어요. 학사들은 일정 기간이 지날 때마다 강의와 편찬 등을 통해 그동안의 성과를 대제학에게 검사받아야 했어요. 그것으로 능력을 평가받고 직책을 다시 배치받았어요. 특혜에는 반드시 책임이 따르게 만들었던 거예요.

집현전이 본격적으로 열리자 왕과 신하 할 것 없이 그곳에 모여서 경연을 열었어요. 경연이란 임금이 학문이나 기술 등을 함께 연구하고 강론하거나 국정에 대해 협의하는 것을 말해요. 세종은 토론하기를 좋아해서 집현전을 토론의 중심지로 만들었어요. 태조 때 23회, 태종 때 80회였던 경연을 세종은 무려 1,898회나 열었거든요. 또한 집현전은 서적을 수집하고 보관하며 펴내는 일을 했어요. 《용비어천가》《향약집성방》《삼강행실》《훈민정음해례》 등이 모두 집현전에서 펴낸 책들이에요.

세종은 집현전의 정비뿐만 아니라 적극적으로 학사들의 사기도 높여 주었어요. 왕이 솔선수범하니 학사들은 자연스럽게 스스로 실력을 높이기 위해 노력했어요.

한글로 이루어진 최초의 국문 시가 《용비어천가》
조선의 창업을 축복하는 내용으로 1445년 정인지, 성삼문, 신숙주, 군제 등이 펴낸 총 10권의 책이다.

하루는 한밤중에 산책을 나온 세종이 집현전에 불이 켜져 있는 것을 발견했어요. 세종은 곁에 있는 내관에게 지시했어요.

"아직도 집현전에서 불을 밝히고 있는 사람이 누구인지 확인하라."

"네, 알겠습니다."

내관은 집현전의 문틈으로 내부를 살핀 뒤 돌아와서 보고했어요.

"신숙주가 책을 읽고 있습니다."

"이 시간까지 책을 읽고 있단 말인가?"

세종은 깜짝 놀라며 밤새워 책을 봤던 자신의 어린 시절을 떠올렸어요. 내관에게 신숙주가 잠자리에 들면 보고하라고 하고 세종은 침소로 가 책을 펴 들었어요. 밤이 지나고 새벽이 점점 밝아 왔어요. 하지만 그때까지도 내관은 돌아오지 않았어요.

"신숙주가 여태 잠자리에 들지 않았단 말인가? 직접 가 봐야겠구나."

새벽이슬을 맞으며 집현전으로 향하던 세종은 마침 돌아오는 내관과 마주쳤어요.

"왜 이리 늦었는가?"

내관이 송구하다는 듯 보고했어요.

"신숙주가 이제야 책상에 엎드려 잠이 들었습니다."

"이제야 잔다고? 게다가 책상에 엎드려서?"

"네. 그렇습니다."

"껄껄껄. 대단하군!"

세종은 너털웃음을 터뜨렸어요. 학문에 열중하는 신숙주가 대견했거든요. 세종은 그 길로 집현전에 들어가 책상 위에 엎드려 잠든 신숙주를 바라보았어요.

'혹여라도 추울까 걱정되는구나.'

세종은 혼잣말을 하며 자신이 입고 있던 두루마기를 벗어 신숙주에게 덮어 주었어요.

다음 날 잠에서 깬 신숙주는 깜짝 놀랐어요.

"임금님의 옷이 왜 여기에 있지?"

당황하던 신숙주는 금세 이해를 했어요.

"아! 전하께서 덮어 주고 가셨구나."

신숙주는 자리에서 일어나 왕이 계신 처소를 향해 절을 하며 세종의 마음 씀씀이에 감격했어요. 왕이 학사들을 제 몸처럼 아낀다는 소문은 삽시간에 널리 퍼져 나갔어요. 그러자 집현전 학사들을 부러워하는 선비들이 늘어났어요. 자연스레 집현전에 들어가려는 인재가 많아져 경쟁도 치열했지요. 집현전의 학사들은 자부심과 긍지로 똘똘 뭉치게 되었어요. 그리고 좋은 결과를 내기 위해 더욱더 학문과 연구에 매진했어요.

  그로부터 수십 년 뒤 바른 인성을 가진 임금과 그런 임금을 존경하고 따르는 학사들이 만들어 낸 가장 위대한 결과물이 바로 '한글'이에요. 세종은 백성들을 위한 정책을 본격적으로 펴 나가기 시작했어요.

집현전 학사들에게

오늘도 집현전의 문틈에는 불빛이 새어 나오고 있군요.

젊은 그대들이 학문에 열정을 가지고 공부하는 모습을 과인의 눈과 귀로 늘 보고 듣고 있습니다.

이 늦은 시간에도 과인이 내린 어려운 과제를 묵묵히 연구하고 있는 분이 있겠지요. 얼마나 고마운 일인지 모르겠습니다.

과인이 집현전을 새로이 만든 것은 조선의 인재를 한곳에 모아 백성을 이롭게 하기 위한 일들을 해 나가기 위한 것입니다. 실제 생활에 도움이 되는 학문이 얼마나 많은지 나조차 감히 그 끝을 알 수 없습니다.

천체 관측을 통해 달력을 만들어 종자의 파종 시기와 추수 시기를 정확히 알 수 있게 해야 합니다. 또한 각 지역의 날씨와 농사법을 정리하여 책으로 펴내는 것도 여러분이 해 줘야 할 중요한 연구입니다.

자신의 지식을 늘리기 위한 학문에도 소홀해서는 안 되겠지만, 집현전에 들어온 이상 명심해야 할 것은 여러분은 이 땅 조선에 살고 있는 백성들을 대표하고 있다는 점입니다.

집현전에 있는 여러분은 조선 최고의 인재입니다. 자부심을 가져도 좋습니다.

마음껏 공부하십시오! 마음껏 연구하십시오!

여러분들의 노력에 따라 대가는 임금인 내가 반드시 보답할 것이고, 먼 미래에 이 땅에서 살아갈 백성들도 끝없이 칭송할 것입니다.

— 별이 쏟아지는 집현전 앞에서 세종 씀

토론과 소통의 달인

　세종의 시대는 토론의 시대였어요. 왕권이 막강했던 조선 시대에 신하들과 친히 의견을 주고받는 왕이라니 참 생소한 일이죠? 세종의 시대는 어쩌면 우리나라 최초의 민주주의 시대라고 해도 과언이 아니에요. 세종은 자기 마음대로 나라의 일을 결정하지 않고 신하들과 적극적으로 논의하곤 했어요. 토론 정치는 신하들이 전문적으로 공부하게 되는 효과도 있었지요. 어떤 정책에 대해 임금과 토론할 때 제대로 된 지식 없이 아무 말이나 할 수 없었거든요. 더군다나 세종은 그 어느 학자보다 수준 높은 지식을 갖추고 있었어요. 자신의 의견을 주장하거나 설득하기 위해서는 신하들도 충실히 공부하고 연구할 수밖에 없었지요.

　물론 세종이 신하들의 의견을 무조건 수렴한 것은 아니었어요. 대표적인 일화로 *수령육기제라는 지방 수령의 임기 정책을 새로 정하는 과정을 살펴보면 알 수 있어요.

　혹시 "저 사람, 참 심보가 고약해!"라는 말을 들어 본 적 있나요? '고약하다'는 말의 유래는 세종과 수령육기제 정책으로 격한 토론을 벌인 고약해(高若海)라는 이름의 신하 때문에 나왔다고 해요. 당시 지방 수령의 임기를 늘리려는 세종과 기존의 임기를 지키려는 젊은 신하들 사이에 치열

***수령육기제** 지방관들(수령)의 임기를 30개월에서 60개월(육기제)로 늘린 제도

한 공방이 벌어졌어요. 세종은 수령에게 안정된 임기를 보장함으로써 유능한 관료를 확보하고 백성들의 불편을 줄이고자 했어요. 하지만 반대하는 신하들도 만만치 않았어요. 당시 집현전 부제학인 신장 역시 기존 30개월을 지키자며 의견을 냈어요.

"천하에 인재가 많은데 한 사람을 길게 쓰는 것은 옳지 않습니다. 가까운 중국도 수령의 임기가 그리 길지 않습니다. 기존의 법대로 둔다면 모두가 기뻐할 것입니다."

그러자 세종이 반박하는 의견을 냈어요.

"사람에게 오래 맡기는 것은 잘못된 것이고 사람을 자주 바꾸는 것은 유익하다고 어느 역사책에 기재되어 있는가?"

세종은 정책을 시행해 보지도 않고 무조건 반대만 하는 신하들이 못마땅했어요. 그래서 역사적인 근거를 제시하라고 말했어요. 신장이 이에 반박하지 못하자 이 문제는 세종의 뜻대로 진행되는 듯했어요.

그리고 세월이 지나 수령육기제가 시행되고 있던 어느 날, 당시 형조참판인 고약해가 자리에서 벌떡 일어났어요. 그는 이 제도에 대해 다시 의문을 제기하며 세종과 토론을 시작했어요.

"소인은 오랫동안 전하를 뵙지 못했으므로 아뢰고자 하는 일을 아뢰지 못했습니다."

"말해 보거라."

"소인이 예전에 수령의 임기를 이전으로 돌릴 것을 청하였으나 허락받지 못했습니다. 그 후에도 여러 번 상고했으나 허락받지 못했습니다. 이 같은 일을 만약 제가 계속해서 말하지 않으면 누가 기꺼이 전하를 위해 말하려 하겠습니까?"

"그래서 그대의 의견은 무엇인가?"

"60개월이라는 임기를 지방에서 보내면 전하를 오랫동안 *알현하지 못하고 또 조정의 일에 참여하지 못하니 이 어찌 안타까운 일이 아닙니까? 임기로 30개월이 적당하다는 것은 선대로부터 내려오던 것이니 부디 신의 청을 받아들여 주시기를 바랍니다."

세종은 깊은 한숨을 쉬었어요. 새로운 논리를 제시할 줄 알았는데 여전히 그동안 들었던 말만 앵무새처럼 반복하고 있었어요. 세종은 수령육기제의 필요성에 대해 다시 한 번 설명했어요.

"30개월은 고작 2년 6개월이다. 그때마다 임기가 끝난 수령을 보내고, 또 새로운 수령을 맞이하는 행사를 치르는 백성들이 얼마나 힘들지는 생각해 보았는가? 수령 또한 그 지역의 업무와 고을 사람들에 대해 제대로 파악하기에는 부족한 시간이지 않겠는가?"

"하지만 수령으로서 한 지역에 오래 머물면 부정한 방법으로 재물을 취하는 자가 많아질 것입니다."

세종은 그동안 참았던 화가 폭발하고 말았어요.

---

*알현 지체가 높고 귀한 사람을 찾아가 뵘.

"도대체 부정하게 재물을 취한 수령이 누구인가? 이름을 대거라!"

왕의 진노에도 꿈쩍하지 않고 고약해는 말을 이어 갔어요.

"신의 청을 받아들이시지도 않고 오히려 틀렸다고 하시니 신은 정말 실망했습니다!"

임금이 곧 하늘이던 조선 시대에 왕과 신하가 이런 대화를 나눴다니 놀랍지 않나요? 세종은 늘 열린 마음으로 신하들의 의견을 취했어요. 물론 수령육기제처럼 스스로 옳다고 생각하는 결정은 강단있게 추진하기도 했어요. 왕으로서 독단적으로 결정하지 않고 토론을 통해 바른 결론에 도달하고자 한 것은 본받을 만한 점이에요. 세종은 실용주의에 기반을 두고 모든 일을 도모했어요. 실용주의는 세종이 훗날 한글을 창제하고 각종 과학 기구들을 개발하는 데에 밑거름이 된 사상이에요.

- 대마도를 정벌하다
- 4군 6진을 개척하다
- 궁궐 안의 초가집
- 조선 최초의 국민투표
- 사회적 약자를 돌보다

다양한 지식과 분야 융합

왕은 모름지기 백성을 보호해야 한다 3

우리나라 역사의 기록을 살펴보면 주변 국가의 침입이 많았다는 것을 알 수 있어요. 그만큼 백성들의 삶이 고달팠다는 것이에요. 세종의 집권 초기에는 왜구와 북쪽의 여진족이 수시로 침입해 와 백성을 해치거나 재물을 빼앗아 갔어요. 백성이 편안한 나라를 만들기 위해서는 첫째로 외부의 적을 막아 내는 일이 시급했어요. 세종은 강한 조선을 만들기 위해 어떤 일을 했을까요?

대마도를 정벌하다

조선 건국 이전부터 백성들은 *왜구의 침입에 시달렸어요. 많은 왜구들이 노략질을 하러 조선까지 건너왔어요. 왜구는 주로 조선과 가까운 대마도(쓰시마 섬)나 규슈에 사는 일본인들이었어요. 당시 일본에는 왕이 있었으나 그 힘이 너무 미약했어요. 권력을 가진 조선의 왕과 달리 일본의 왕은 허수아비에 지나지 않아 각 지방은 영주의 계급을 가진 사람이 다스렸어요. 그래서 이 문제를 해결해 달라고 일본 왕에게 사신을 보내도 별 효과가 없었어요. 갈수록 심해지는 왜구의 출몰은 특히 동해 쪽에 살고 있는 조선의 백성들에게 커다란 공포였어요.

사실 왜구의 침략은 이미 오래된 일이었어요. 고려 말인 1380년, 약 1만여 명이나 되는 왜구가 500여 척의 배에 나누어 타고 금강 입구까지 진입했어요. 노략질 수준을 넘어 전쟁이라 불러도 될 정도였죠.

---

*왜구 13~16세기에 우리나라와 중국 해안에서 약탈을 일삼던 일본 해적.

당시 왜구들은 최영 장군에게 패했지만, 살아남은 왜구들이 조선 땅 여기저기를 숨어 다니며 약탈과 납치를 일삼았어요. 그 이후로도 태조 때부터 세종 초기에 이르기까지 왜구들은 틈틈이 쳐들어와 치고 빠지기를 반복했어요. 백성들은 전 재산을 빼앗긴 것은 물론 부녀자들이 납치를 당하기도 하고 허망하게 목숨을 잃기도 했어요.

왕위에 오른 세종은 왜구를 *토벌해 달라는 지방 관리의 상소문을 받았어요. 세종은 주먹을 불끈 쥐었어요. 저항도 못한 채 끌려가는 백성들의 참혹한 모습이 떠올라 도저히 참을 수가 없었어요. 세종은 신하들을 불러 명령했어요.

"왜구가 자주 출몰하는 곳에 당장 군사를 보내 백성을 보호하도록 하라."

하지만 신하들은 서로 눈치만 보았어요.

"과인의 말이 들리지 않는 것인가?"

그러자 주저하던 영의정이 앞으로 나서며 말했어요.

"송구합니다만, 군사를 움직일 수 있는 건 상왕 전하의 명령이 있을 때만 가능합니다."

영의정의 말에 세종은 더 이상 말을 잇지 못했어요. 상왕이란 왕위에서 물러난 이전 임금을 뜻해요. 이때까지도 상왕인 태종은 군대를 통솔하는 군권을 물려주지 않았어요. 세종의 외가 쪽과 세력이 강한 신하들은 정리했지만, 혹시라도 세종에 반대하는 *역적모의 같은 긴급한 일이 벌어진다

---

*토벌 무력으로 쳐서 없앰.
*역적모의 통치자에게서 나라를 다스리는 권한을 빼앗으려는 일을 꾀함.

면 아직 왕위가 안정되지 않은 세종을 보호할 필요가 있다고 여겼기 때문이었어요. 세종은 태종에게 자신의 의지를 밝혔어요.

"아바마마, 왜구 토벌을 위해 군사를 보내려고 합니다."

"지금은 때가 아니에요. 그보다 왕의 자리를 굳건히 하는 것이 더욱 중요합니다, 주상."

태종은 세종의 요청을 단칼에 거절했어요.

그리고 1419년, 중국으로 향하던 왜적들의 배 50여 척이 중간에 충청도 서천에 상륙하여 조선의 병선 7척을 빼앗아 불사르는 사건이 일어났어요. 배 안에 있던 조선의 군사들은 왜적과 싸우다 대부분 죽었어요. 그 소식을 들은 세종은 크게 분노했어요. 죄 없이 끌려간 마을 백성들과 그들을 지키려다 희생된 군사들도 너무 가여웠어요.

'이놈들을 그냥 둘 수 없다!'

세종은 마침내 상왕의 비위를 거스르지 않으면서 명분도 뚜렷한 좋은 방법을 떠올렸어요. 세종은 태종을 찾아가 거침없이 말했어요.

"왕위를 굳건히 하는 것이 더 중요하다고 하셨지요? 그러려면 왜구로부터 죽임을 당하는 백성을 보호하는 왕의 강인한 모습을 보여 주는 것이 가장 효과적이라고 생각합니다."

상왕은 깊은 고민에 잠겼어요. 그리고 마침내 말로만 왕의 위신을 세우기보다는 강한 모습을 직접 보여 주는 것이 왕권 강화에 도움이 될 것이라는 의견에 동의를 했어요.

"주상 말이 맞아요. 강한 모습 또한 군주의 덕목이에요!"

그해 5월 14일, 세종은 상왕과 함께 대마도 정벌을 위한 회의를 소집했어요. 신하들이 모두 모이자 상왕이 먼저 말했어요.

"왜구들이 지금 우리 땅을 거쳐 중국으로 갈 계획이라면 저들의 본거지인 대마도는 거의 비어 있을 것이다. 이때 우리가 그 소굴을 쓸어버리는 것이 어떻겠는가?"

"상왕 전하, 그들이 자국으로 돌아가는 길에 또다시 백성들에게 보복을 할까 우려됩니다. 차라리 그 길목을 막아 토벌하는 것이 어떨까 싶습니다."

신하들은 소극적인 태도로 왜구의 본거지를 토벌하는 것에 반대했어요. 상왕은 조선과 일본의 지도를 보며 생각에 잠겨 있는 세종을 향해 같은 질문을 했어요. 조선에 침입하는 왜구를 토벌하기로 했지만, 본거지인 대마도까지 쳐들어가는 건 조금 다른 문제였어요. 그래서 아직 나이가 어리고 무인으로서의 기질이 없는 세종에게 크게 기대하지는 않았지요. 하지만 세종에게서 흘러나온 대답은 뜻밖이었어요.

"우리의 군사력이 강하다는 것을 이제 보여 줄 때가 되었습니다. 저는 대마도를 *정벌하는 것이 옳다고 생각합니다. 본거지를 우선 토벌하고 나서 그 후에 돌아오는 왜구들을 기다렸다가 무찌르면 백성들의 피해도 적을 것입니다."

세종의 단호한 말에 상왕은 크게 만족하며 고개를 끄덕였어요.

---

*정벌 적을 무력으로 침.

"주상의 의견대로 우리의 강한 군사력을 제대로 보여 준다면 왜구들이 조선 땅을 지금처럼 쉽게 넘보지 않을 것이다."

상왕과 세종의 의견에 반대하던 신하들도 결국 뜻을 같이했어요. 상왕은 왜구 격퇴에 대한 세종의 강한 의지에 *감복해 군사들을 잘 부릴 수 있는 방법을 직접 전수하기 시작했어요.

---

*감복 감동하고 감탄함.

進軍
나아갈 진 군사 군

"먼저 장수를 임명한 뒤 진군 계획을 짜고 그다음에 보급 계획을 세우는 것이 중요하다."

세종은 각종 *병법서에서 읽었던 다양한 지식을 실전 계획에 적용했어요. 대마도 정벌도 중요하지만 중국에서 돌아올 왜구들을 토벌하는 것도 중요했어요. 왜냐하면 대마도에 남아 있는 왜구보다 전쟁을 떠난 왜구들이 더 *정예병이었기 때문이에요. 세종은 양쪽을 다 잡을 계획을 짰어요.

세종이 말했어요.

"대마도를 정벌한 뒤에는 왜구가 단 한 명도 섬을 빠져나가지 못하게 막아야 합니다. 그래야 중국에서 돌아오는 왜구에게 그 소식이 전해지지 않을 것입니다. 그 후에 그들이 돌아오는 길목을 지켜서 완전히 무찌르면 될 것입니다."

"전략이 아주 좋구나!"

상왕은 고개를 끄덕였어요. 무인의 자질이 없다고만 여긴 아들 세종의 재발견이었어요.

1419년 6월 19일, 이종무 장군이 이끄는 배가 대마도에 도착했어요. 대마도에 남아 있던 왜구들은 자신들의 배가 돌아온 줄 알고 환영 준비를 하다가 조선의 병사들이 내리자 깜짝 놀라 도망가기 시작했어요. 만만하게 여겼던 조선의 군대가 자신들의 본거지로 쳐들어오리라고는 상상도 못 했기 때문이에요.

---

* **병법서** 군사를 지휘하여 전쟁하는 방법에 관한 책.
* **정예병** 날래고 용맹스러운 병사.

밀착 인터뷰

무인 세종대왕에게 묻다

세종대왕께선 무예 실력이 별로라고 하던데요?

무예를 익히지 않은 것은 아니었어요. 단지 공부하고 연구하는 데 더 관심이 많았던 것뿐이죠.

그렇다면 무슨 무예를 익히셨나요?

세자 자리에 오르기 전에는 기본적으로 말을 타고 활을 쏘는 무예를 익혔어요. 왕이 되고 나서는 군사들과 함께 사냥을 하기도 했어요. 그 과정에서 무기의 중요성을 일찌감치 알아차려 '대신기전' 같은 강력한 신무기도 만들었죠. 세계 최초의 로켓 병기입니다.

격구도 즐기셨다는데 그건 무엇인가요?

격구는 말을 타고 주걱처럼 생긴 막대기로 공을 쳐서 상대의 골문에 넣는 놀이예요. 격구는 말 타기에 도움이 되고 또 자연스레 무예를 익힐 수 있어요. 그래서 화포 발사나 창던지기와 같은 군사 훈련 중 하나로 격구를 포함시킨 것이죠.

조선의 군사들은 열흘 동안 1백여 척의 적선을 빼앗아 불사르고, 조선인과 중국인 포로를 구해 냈어요. 그 후 중국에서 돌아오는 왜구의 길목을 완벽히 차단해 그들마저 모조리 무찔렀어요. 조선의 군사들이 대마도를 토벌하자 왜구의 우두머리가 사절을 보냈어요.

"이전에 조선을 침략한 일은 죄송합니다. 대마도 땅이 척박하여 농사가 힘들어 못된 짓을 했습니다. 이제까지의 일을 용서해 주시면 앞으로는 교역을 하며 잘 지내고 싶습니다."

대마도의 왜구들로부터 항복을 받는 이종무 장군

왜구가 진심으로 사죄를 해 오자 세종은 조선의 강한 모습을 충분히 보여 줬다고 판단했어요.

"정벌에 나선 것은 그 죄를 꾸짖기 위함이지, 사람을 죽이기 위함이 아니었소. 이제 우리에 대해 두려워하는 마음이 생긴 것 같으니 평화적으로 해결하겠소."

세종은 이종무 장군의 군대를 대마도에서 철수시켰어요. 그리고 왜구의 간청에 따라 부산포, 제포, 염포의 3개 포구를 개항하여 평화롭게 무역할 수 있는 길을 열어 주었어요. 이후 세종이 다스리는 동안 왜구는 예전처럼 대규모로 노략질을 일삼지 못했어요.

세종은 대마도 정벌을 통해 값진 교훈을 얻었어요. 그 경험을 토대로 해군 육성책을 만들었고, 무술 훈련도 직접 참관했어요. 또 강한 군대를 만들기 위한 고강도의 훈련도 주기적으로 실시했어요.

"군력이 강해야 백성들이 안심하고 살아갈 수 있어!"

세종은 더 이상 책만 보는 유약한 왕이 아니었어요.

4군 6진을 개척하다

왜구 정벌을 계기로, 세종은 이민족의 침략을 받은 우리나라 역사의 기록을 찾아봤어요. 백성들을 괴롭힌 건 왜구뿐만이 아니었어요. 북쪽의 여진족도 오랜 기간 우리 영토를 침범하고 백성을 약탈했어요. 여진족의 터전인 만주와 간도의 땅은 무척 춥고 농사 짓기에 척박해서 주로 사냥이나 목축을 통해 생계를 꾸렸어요. 그중 생활이 어려운 일부 여진족은 왜구처럼 우리 영토를 침범했어요.

태종 때에는 여진족과의 충돌을 피하기 위해 두만강 근처에 있던 국경 마을을 아래쪽으로 옮겼어요. 관리가 어려운 지역을 보호하기보다는 그냥 버리는 정책을 폈던 거예요. 하지만 별 효과를 보지 못했어요. 여진족들이 다시 아래로 내려왔기 때문이에요.

세종이 왕위에 오른 지 4년째 되던 1422년, 수백 명의 여진족이 국경을 넘어와서 백성들을 공격했어요. 사냥에 능한 자들이라 그 수법이 무척 잔인했어요. 그들에게 습격이라도 당하면 재산과 식량 약탈은 물론이고 죄 없는 조선의 백성들이 수없이 희생됐어요. 더 이상 두고 볼 수 없던 세종은 신하들을 불러 의논을 했어요.

"국경의 군사만으로는 여진족의 침입을 막기 어려운 듯하다. 군사의 수를 더 늘리는 것이 좋지 않겠는가?"

하지만 신하들의 반응은 좋지 않았어요.

"가만히 두면 스스로 없어질 도둑들에 불과하니 마을을 좀 더 아래쪽으로 옮기는 편이 옳을 듯싶습니다."

평소처럼 안이한 대책을 말하는 신하들을 보며 세종은 결국 버럭 화를 냈어요.

"그 말은 우리 영토를 아래쪽으로 계속 축소하자는 말인가? 조상들이 희생하며 얻은 북방의 영토를 앞으로는 단 한 치도 내줄 수 없다!"

세종의 강한 어투에 깜짝 놀란 신하들은 적극적으로 말리기 시작했어요.

"하지만 여진족 같은 야만인과 싸우는 것은 국력을 헛되이 낭비하는 일입니다."

그러나 대마도 정벌을 통해 자신감을 얻은 세종은 단호했어요.

"절대 그렇지 않다! 이 시간에도 국경 근처에 사는 백성들은 불안하게 지내고 있을 것이다. 그들에게 자신을 지켜주는 나라가 있다는 것을 보여 줘야 한다. 또한 우리 땅을 줄이는 것이 아니라 오히려 북쪽으로 땅을 넓혀 옛 땅을 되찾을 것이다. 그래서 백성들이 안심하고 농사지을 수 있도록 할 것이다."

세종은 두 마리 토끼를 잡을 계획이었어요. 우리 백성도 보호하면서, 동시에 우리 땅도 다시 확보하고자 한 것이에요.

세종의 북방 정책이 본격적으로 시작되었어요. 북방 정책은 세종의 재임 기간 동안 오랜 세월 지속적으로 이루어진 정책이었어요. 세종은 대마도를 정벌할 때도 느꼈지만, 여진족을 몰아내기 위해서는 그들을 넘어서는 군사력이 필요했어요.

세종은 강한 군대를 만드는 한편, 강력한 화약 무기를 개발하기 시작했어요. 그중에서 가장 중요한 것은 역시 세종의 뜻을 잘 이해하고 따를 수 있는 인재였지요. 군사 분야의 인재로는 그야말로 목숨을 아끼지 않는 헌신적인 장수가 필요했어요. 세종은 태종 때부터 관직에서 일한 김종서를 평소 눈여겨보고 있었어요.

"우리 국경을 잘 지킬 사람이 필요하니 김종서를 함경도 도절제사로 임명하고자 한다."

세종이 김종서를 지목하자 조정의 신하들은 웅성거렸어요. 곧 반대의 목소리가 올라왔어요.

"김종서는 절대 안 됩니다."

"안 되는 이유가 무엇인가?"

"고집이 세고 능력도 부족한 사람입니다."

지금에야 김종서는 '조선의 호랑이'라 불릴 만한 역사적 인물로 평가되지만, 당시 김종서는 실수가 많아 형벌로 곤장을 맞기 일쑤거나 변방으로 좌천되는 장수였어요. 또한 타협하지 않는 고집스런 성격 때문에 그를 싫어하는 사람들도 많았지요. 신하들의 만류에도 불구하고 세종은 김종서를 쓰고자 하는 이유를 확실하게 밝혔어요.

"과인은 김종서를 평가한 보고서에서 다른 면을 보았다. 관리들의 부정을 밝힌 탓에 오히려 고초를 겪은 적이 있다고 들었다. 또 어려운 백성을 돕는 일에 앞장선다는 내용도 있었다. 경들의 말대로 고집이 세고 능력이 없다는 내용은 그를 시기하는 무리로부터 평가되었을 가능성이 높다고 생각한다."

실제로 김종서는 의협심이 무척 강했어요. 자신에게 손해가 되더라도 현실과 타협하지 않는 성격이었어요. 인재를 보는 눈이 탁월했던 세종은 그런 점을 높이 평가했어요. 능력도 중요하지만 바른 인성을 지닌 사람을 등용하자는 것이 세종의 인재관 중 하나였어요. 세종은 끝내 신하들의 반대를 뿌리치고 김종서를 불렀어요.

난데없이 불려 나온 김종서는 감히 왕 앞에서 고개도 들지 못했어요. 세종은 편안한 말투로 이야기했어요.

"국경을 침범하는 여진족들을 몰아내어 우리 백성들을 지켜 주시오."

김종서는 고개를 번쩍 들었어요. 자신을 부른 이유를 그제야 알게 되었

세종의 충신 김종서

세종의 북방 개척의 일등 공신은 김종서예요. 1383년 전남 순천에서 태어난 김종서는 23세의 나이로 문과에 급제하며 관직에 나섰어요. 젊은 시절 김종서는 일처리를 잘 못하여 태형을 50대나 맞기도 하고 파면을 당한 적도 있었어요.

하지만 세종과 함께하면서 전혀 다른 사람으로 변했어요. 자신을 믿고 중책을 맡기는 세종을 위해 충심을 다해 일하기 시작한 거예요. 세종은 풍병에 걸렸을 때도 김종서를 바로 곁에 두고 자신의 말을 조정에 전하게 했어요. 대신 사신을 접대하게도 했지요. 김종서는 문과 출신이지만 전투에도 능했어요. 그래서 세종은 중대한 정책인 '6진 개척'의 적임자로 김종서를 보냈어요. 김종서는 세종에 이어 문종과 단종에 이르기까지 충성을 다하다가, 피바람을 일으키며 정권을 잡은 수양대군에 의해 1453년 계유정난 때 결국 죽음을 맞이했어요.

아래는 김종서가 세종의 명을 받아 61세의 나이로 함길도에 파견을 가면서 지은 시예요.

삭풍은 나무 끝에 불고

명월은 눈 속에 찬데

만리변성에 일장검 짚고 서서

긴 휘파람 큰 한 소리에

거칠 것이 없어라.

　　　　　　-김종서

전쟁기념관에 소장된 김종서 장군의 흉상

어요. 존경해 마지않는 왕이 무인에 불과한 자신을 지목해 중요한 임무를 내리자 무척 감동했어요.

"전하, 온 힘을 바쳐 북쪽의 백성들을 보호하겠습니다!"

믿음직한 김종서를 보며 세종은 또 다른 명령을 내렸어요.

"그리고 장군이 반드시 해야 할 일이 있소. 바로 우리 옛 영토를 되찾는 일이오. 할 수 있겠소?"

세종의 말에 김종서는 깜짝 놀랐어요. 역대 조선의 임금들은 영토 회복에 그다지 관심이 없었거든요. 세종은 계속해서 말을 이었어요.

"종성, 회령, 경원, 경흥, 온성, 부령에 6진을 세우시오. 그리고 터를 잡지 못한 백성들을 그곳으로 이주시켜 안심하고 살 수 있도록 개척하시오. 물론 그 이후 그들을 안전하게 보호하는 것까지 모두 장군의 손에 달려 있소."

"분부대로 하겠습니다!"

세종의 계획에 감탄한 김종서는 머리를 더욱 깊이 조아렸어요. 세종의 목표가 단지 여진족을 막는 것에만 있지 않다는 것을 가슴 깊이 깨달았어요.

그로부터 10년간 김종서는 북방 근무를 하며 여진족을 방어하는 한편 두만강 위쪽으로 6개의 진을 설치했어요. 이주한 백성들을 다스리며 척박한 땅을 농사 짓기 좋은 땅으로 만들어 갔어요. 자연스럽게 조선의 영토는 넓어졌어요. 6진 개척이 성공리에 끝나 가자 세종은 다른 지역으로 눈을 돌렸어요.

'압록강 남쪽도 우리의 옛 땅인데 여진족의 등쌀에 백성들이 마음 편히 살지 못하고 있지. 그 지역도 개척해야겠다.'

세종은 압록강 쪽의 여진족을 토벌하고 영토를 넓히는 계획을 세운 뒤 실행할 시기를 기다렸어요. 그 무렵 2년여에 걸쳐 여진족의 세력이 강해지면서 조선의 서북과 동북 지역을 잇달아 침략했거든요. 여진족의 심상찮은 움직임이 궁궐까지 전해지자 세종은 굳은 결심을 했어요.

'드디어 구실이 생겼구나!'

세종은 여진족의 세력 확장을 빌미로 그들을 물리침과 동시에 우리 영토인 압록강을 개척하기로 결심했어요. 국경의 문제인 만큼 명나라의 간섭을 피하기 위해 *통첩을 보냈고 여진족 토벌이라는 이유를 대며 양해를 구했어요.

그리고 1437년, 이천을 평안도 도절제사로 임명하면서 평안도와 황해도의 군사 7,800여 명과 함께 여진족을 공격하게 했어요. 여진족의 마을을 모두 없애 근거지를 초토화시키기 위한 작전이었어요. 여진족은 우두머리를 중심으로 저항했으나 대마도 정벌 이후 세종이 조직적으로 키운 강한 군대에 맞서기에는 역부족이었어요. 조선의 군사는 새로운 병기인 대신기전과 화포 등의 화약 무기를 효율적으로 사용하여 여진족을 모두 물리쳤어요. 여진족의 본거지는 흔적도 없이 사라졌고 남은 일당들은 명나라 변방으로 도망쳤어요. 그로부터 6년간 여연, 무창, 자성, 우예에 4군을 세웠어요. 세종의 취임 초기부터 시작된 북방 정책의 결과인 4군 6진이 비로소 완성되는 순간이었어요. 4군 6진의 설치로 이제 조선의 영토는 압록강과 두만강까지 넓어졌어요.

세종은 여기서 멈추지 않았어요.

"우리 백성이 살지 않으면 우리 땅이 아니다. 그곳에서 살기 원하는 백성들에게 많은 혜택을 주도록 하라!"

세종의 지시에 따라 4군 6진으로 이주하는 조선의 백성들에게는 여러 가지 혜택이 주어졌어요. 노비는 양인으로 신분을 올려 주었고, 농민에게

---

*통첩 상대에게 문서로 알리는 일. 또는 그 문서.

세종의 비밀병기 신기전

세종이 4군과 6진을 설치할 수 있었던 배경에는 신기전이라는 화약 무기가 있었어요. 신기전은 화약을 이용해 불화살을 쏘는 로켓 무기로서 크기에 따라 대·중·소로 나뉘었어요. 신기전은 포의 0.1 mm 단위까지도 정확히 제작할 정도로 정교했어요. 사정거리도 멀어서 700여 m나 떨어진 목표를 맞출 수 있었어요. 수백 대의 불화살이 불을 뿜으며 하늘로 날아가는 모습은 그 자체가 장관이었어요. 그 위력이 얼마나 강했냐면 적이 숨어 있는 곳에 대신기전을 쏘면 겁에 질려 항복했다고 《조선왕조실록》에 기록됐을 정도예요.

대신기전은 세종 29년 평안도와 함경도에 배치되어 여진족 토벌에 큰 몫을 했어요. 흥미로운 것은 신기전의 개발에는 세종의 아들 문종이 책임자로 참여했다는 점이에요. 아버지를 닮아 문종도 창의력이 넘치는 인재였다고 해요.

중신기전의 모형(왼쪽)과 대신기전의 발사 시연회 모습

는 농사지을 땅과 함께 세금과 병역의 의무를 면제해 주었어요. 한편으로는 노략질만 일삼던 여진족을 달래기 위해 국경 지역에 무역소를 설치하여 자유로이 무역을 하게 했어요.

대마도 정벌부터 북방 정책까지, 세종의 시책에는 공통점이 있었어요. 바로 '백성들이 편히 살 수 있는 강한 나라'였어요.

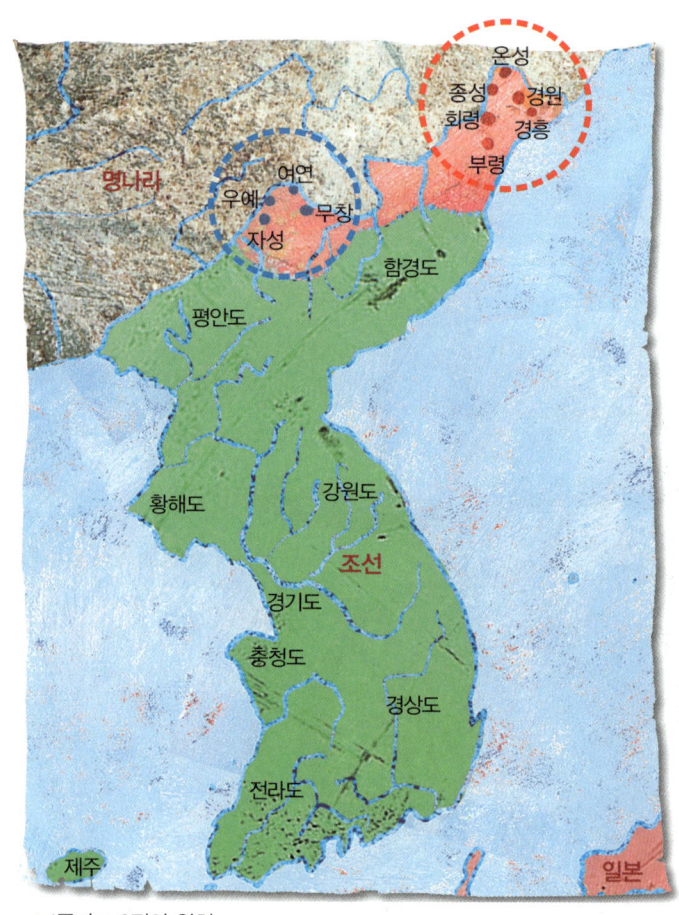

● 4군과 ● 6진의 위치

궁궐 안의 초가집

대마도를 정벌하고 3년이 흐른 1422년 봄, 상왕 태종이 세상을 떠났어요. 이때 세종의 나이 26세였어요. 세종은 밥도 먹지 않고 눈물만 흘렸어요. 자신을 감싸고 있던 커다란 하늘이 무너져 내린 느낌이었어요. 어두운 밤, 세종은 경회루에 홀로 올랐어요. 밝은 달빛이 연못에 반사되어 아련하게 비치고 있었어요.

"아바마마……."

세종은 나지막이 아버지를 불러 보았어요. 혼란한 시기에 아버지가 있었기에 잘 헤쳐 나갈 수 있었어요. 하지만 아버지가 돌아가신 지금, 온전히 혼자가 되었어요.

깜깜한 밤처럼 세종의 앞길도 어둡게만 느껴졌어요. 왕위에 오른 지 몇 년이 지났지만, 여전히 정치는 쉽지 않았어요. 사람들의 평가는 점점 좋아졌지만 세종 스스로는 평가에 무척 인색했어요. 왕위에 오르기 전, 세종은 임금과 백성이 모두 행복한 완벽한 나라를 꿈꾸었어요. 하지만 한 나라의 왕이 혼자 잘하고 싶다고 모든 것이 해결되는 것은 아니었어요. 이제 겨우 네 번째 왕을 맞이한 조선이었기에 왕의 권위에 도전하는 세력도 심심찮게 있었고, 조선을 가볍게 보는 명나라 등 주변 국가와의 관계도 만만치 않았어요. 하지만 가장 큰 고민은 따로 있었어요.

"휴……."

세종은 길게 한숨을 내쉬었어요. 당시 세종의 심기를 어지럽히는 가장 큰 고민은 지속되던 가뭄이었어요. 태종 때부터 심각했던 가뭄은 세종이 즉위한 뒤에도 나아지지 않았어요.

태종이 세상을 떠날 무렵에는 강원도에 심한 가뭄이 들어 *대기근이 발생했어요. 영서 지방의 총 가구 9,509호 중 굶주림으로 인해 없어진 가구는 2,567호나 되었어요. 백성들은 풀뿌리마저 없을 때는 흙을 뭉쳐 떡처럼 만들어 먹기도 했어요. 세종은 매일 아침 흉년에 대한 보고를 들었어요. 상황은 더욱 나빠지고만 있었어요. 경회루에서 상념에 잠겨 있던 세종은 한쪽에 쌓아 둔 목재를 유심히 보고는 혼잣말을 했어요.

"가뭄은 내 *부덕의 *소치다. 그렇다면 백성의 고통을 나도 함께 나누어야 할 것 아닌가!"

꼬박 밤을 새운 세종은 날이 밝자마자 내관을 불러 명을 내렸어요.

"경회루 동쪽에 버려진 목재가 있다. 그것으로 작은 별채 두 칸을 지어라. 지붕은 말린 억새풀로 덮도록 하라."

"명대로 거행하겠습니다."

내관은 영문도 모른 채 기술자를 불러 세종이 명한 대로 별채를 지었어요. 난데없이 궁전 한쪽에 작은 초가집을 짓자 경회루를 오가던 관리들은 무엇을 하는 것인지 궁금했어요.

***대기근** 심한 흉년으로 먹을 양식이 모자라 굶주림.
***부덕** 덕이 없거나 부족함.
***소치** 어떤 까닭으로 인해 생긴 일.

"경비병들을 거처하게 하려는 건가?"

한 사람이 고개를 갸웃거리며 말하자 다른 사람이 맞받아쳤어요.

"예끼, 이 사람아! 궁궐 내에 좋은 거처도 많은데 하필 저런 초라한 초가집에 묵을 이유가 없잖아!"

"하긴, 그것도 맞는 말이네."

관리들의 궁금증은 초가집이 다 완성되고 나서야 풀렸어요.

"이제부터 이곳에서 국무를 보고 잠을 잘 것이다."

세종은 그 말과 함께 초가집으로 거처를 옮겼어요. 두 칸을 지은 이유는 한 칸은 집무실로, 다른 한 칸은 침소로 쓰기 위해서였어요. 궁궐 내 사람들은 모두 깜짝 놀랐어요. 특히 세종의 부인인 소헌왕후는 버선발로 쫓아왔어요.

"한 나라의 임금으로서 어찌 이리 누추하고 초라한 곳에서 머무르신단 말입니까?"

그러자 세종이 부인을 보며 말했어요.

"하루에도 수십 명씩 백성들이 배를 채우지 못해 죽어 가고 있소. 나는 그들이 느끼는 고통을 함께 느끼고자 하는 것뿐이오."

세종의 고집에 소헌왕후는 눈물을 삼키며 돌아설 수밖에 없었어요. 그 뒤로 세종은 그곳에서 집무를 보고 잠을 잤어요. 하루는 임금의 차가운 잠자리가 걱정된 신하들이 방바닥에 짚더미를 깔아 놓았어요. 그것을 발견한 세종은 내관을 불러 꾸짖었어요.

"어찌 이런 것을 만들었느냐? 내 허락 없이는 아무 것도 들이지 말라!"

세종은 무려 2년이나 이 초가에서 살았어요.

그리고 틈만 나면 백성들의 생활을 보러 나갔어요. 세종은 들판을 지날 때에 부채나 양산으로 시야를 가리지 않았어요. 백성들의 피와 땀이 밴 농작물이 자라는 모습을 직접 보기 위해서였어요. 벼가 잘 자라지 않는 곳을 발견할 때면 농부에게 직접 그 이유를 물어보고, 마음이 아파 식사를 거르기도 했어요.

또다시 가뭄으로 고생하는 어느 고을의 농부를 만나고 온 날, 세종은 결심한 듯 신하들에게 명을 내렸어요.
"가뭄 때에는 농민들의 세금을 대폭 줄이도록 하라!"
신하들은 깜짝 놀랐어요.
"전하, 당장 세금을 감면하면 나라의 곳간이 거덜 날 수 있습니다."
일부 신하들이 반대의 뜻을 밝혔지만, 세종은 완고했어요.

"왕으로서 자기 백성이 굶는다는 말을 듣고도 조세를 걷는 것은 차마 못할 일이다. 창고를 열어 곡식을 나눠 준다 해도 모자란 판국에 어찌 굶는 백성들에게 조세를 받을 수 있겠는가? 그조차 면제해 주지 않는다면, 백성을 위해 임금이 해 줄 일이 무엇이 있겠는가?"

세종은 나라를 위한 세금보다 그 나라를 지탱하고 있는 백성을 보살피는 일이 먼저라고 생각했어요.

조선 최초의 국민투표

세종은 백성들을 옥죄는 세금 제도에 문제가 많다고 생각했어요. 제도의 허점을 악용해 세금을 내지 않는 자들이 많아지면서 성실하게 세금을 내는 백성들의 부담이 커졌어요. 세종은 먼저 지방 관리들에게 토지 조사를 하도록 지시했어요. 세금을 거둘 수 있는 땅과 실제 조세액이 정확한지 수치화하기 위해서였어요. 토지 조사 결과, 농사를 짓고 있는 땅이 과거에 비해 두 배로 많아졌는데 세금은 제대로 걷히고 있지 않다는 사실이 밝혀졌어요.

"허, 세금을 안 낸 땅이 이렇게나 많다니……."

세종은 그동안 세금을 내지 않은 땅의 수확물에 대해 세금을 부과하기로 하고, 본격적으로 제도 개편에 착수했어요. 세금을 무작정 많이 걷겠다는 것이 아니었어요. 공평한 정책으로 백성들의 부담을 줄여 주겠다는 뜻이었어요. 세금을 낼 수 있는 땅이 두 배가 되었으니 당연히 기존의 세금을 내던 백성들의 부담이 절반 이하로 줄어 들 수 있었어요.

전국적인 토지 조사 후, 효율적인 세법에 대해 끊임없이 고민하던 세종은 집현전 학사들과 함께 공법을 연구했어요. 기존의 세금 부과 방식은 관리가 한 해의 농산물 수확 결과를 직접 조사해 세금을 매기는 과세법이었어요. 그러다 보니 각 관리의 마음대로 등급을 매겨 문제가 되었지요. 그런데 공법은 토지의 질이나 상태에 따라 6개의 등급으로 나누고, 좋은 땅을 기준으로 농사의 풍년과 흉년 정도에 맞게 9등급까지 세분하여 각각 다른 세율로 책정한 법이에요.

하지만 세종은 새로운 세법을 바로 적용하지 않았어요. 혹시나 백성의 현실을 무시해 또 다른 고통을 안겨 주는 건 아닐지 걱정했어요.

"공법으로 억울하게 세금을 더 내는 백성이 생기면 안 된다. 백성이 좋지 않다고 한다면 이를 행할 수 없다!"

그러고는 재위 12년, 당시로서는 누구도 생각하지 못한 일을 실행했어요. 경작하는 토지에 대한 새로운 세법인 공법 제정을 두고 백성들에게 직접 찬반 의견을 듣기로 한 거예요. 수령을 중심으로 관원들이 직접 집집마다 찾아다니며 백성들의 찬반 의견을 물었어요.

1430년 3월 5일부터 8월 10일까지 총 5개월간 실시한 여론조사에서 신분 고하에 상관없이 여자, 어린이를 제외한 모든 백성과 관리가 참여했어요. 그야말로 조선 개국 이래 가장 큰 규모의 국가 행사였어요. 백성과 소통하겠다는 세종의 강력한 신념이 반영되었던 거죠. 결과적으로 찬성이 많았지만 세종은 곧바로 공법을 시행하지 않았어요. 무려 7년 동안 문제점을 파악하기 위해 현장에 관리를 파견하고, 대신들과 틈만 나면 공법에 대해 토론하며 개선점을 찾고자 했어요.

국민 투표가 끝난 지 10년이 지난 뒤에야 찬성 비중이 압도적으로 높았던 전라도와 경상도에서 시범으로 시행했어요. 그런 다음 다시 문제점을 보완해 1444년 비로소 전국적으로 공법을 시행했어요. 최초로 투표를 통해 백성들의 의견을 담고, 14년이라는 오랜 기간 동안 보완을 거쳐 탄생한 공법은 무려 450여 년 동안이나 조선의 과세 기준 원칙이 되었어요. 공법의 기본 원칙은 부자 증세와 빈자 감세였어요. 즉, 가진 자는 더 내고 없는 자는 적게 내도록 한 것이에요. 어려운 백성들을 중심으로 생각하는 세종의 조세 원칙은 지금의 우리에게도 본받을 만한 가치가 있어요.

사회적 약자를 돌보다

"모름지기 임금은 차별 없이 만물을 다스려야 한다. 따라서 *양민과 *천인을 구별해서 다스리면 안 된다."

《세종실록》에 적혀 있는 세종의 말이에요. 여자 노비를 잔인하게 학대한 양반의 이야기를 전해 듣고 한탄하며 한 말이에요. 앞으로는 죄가 있더라도 노비에게 주인이 사사로이 형벌을 주지 말고 법에 따라 처분하라고 명했어요. 세종은 당시 사람 취급을 받지 못하던 천민이라도 모두 같은 하늘이 낸 백성이라고 생각했어요. 한발 더 나아가 세종은 노비들에게 출산 휴가를 주기 시작했어요. 출산 1개월 전부터 일을 쉬게 했고, 기존 7일이었던 산모 휴가를 100일까지 늘려 주었어요. 또한 출산한 노비의 남편에게도 부인을 보살필 수 있도록 30일간의 휴가를 제공했어요.

《세종실록》의 원래 이름은 〈세종장헌대왕실록〉이다.

---

*양민 조선 시대에 양반과 천민의 중간 신분.
*천인 조선 시대에 노비 중 가장 낮은 신분의 백성.

세종의 따뜻한 시선은 사회적 약자인 노인, 버림받은 아이, 그리고 몸이 자유롭지 못한 장애인에게도 향했어요. 노인을 공경하는 것은 물론이고, 관직에 있는 일정 나이 이상의 노인에게는 1급씩 진급시켜 주었어요. 100세를 넘긴 노비 출신의 노인이 있다면 신분을 면해 주고, 90세 이상의 노인에게는 쌀을 내려 주었어요. 해마다 9월에는 80세 이상의 노인들을 신분에 상관없이 궁궐로 초대해서 술과 고기를 대접하는 경로잔치도 베풀어 주었어요.

또 가뭄이 극심한 시기에 버려지는 아이들이 늘어나자 지방 수령들에게 그 부모를 잡아 오도록 시켜 엄하게 벌했어요. 부모를 찾지 못한 고아들은 *제생원에서 돌보게 했고, 겨울철에는 먹을 것을 더욱 넉넉히 주었어요. 혹시 버려진 아이들을 양자로 들이려는 사람이 있으면 문서를 작성하고 입양할 수 있도록 지시했어요.

세종 시대에는 장애인에 대한 편견과 차별도 거의 없었어요. 세종이 장애인을 위한 복지 정책을 적극적으로 시행했기 때문이에요. '세상에 버릴 사람은 아무도 없다'는 신념으로 장애인을 학대한 자에게는 엄벌을 내리고, 장애인과 그 부양자에게는 각종 *부역을 면제해 주었어요. 흉년이나 기근이 들면 관청을 통해 장애인에게 우선 곡식을 내리고 거처할 집을 잃지 않도록 관찰했어요. 장애인을 정성껏 보살핀 가족에게는 표창을 내리

---

*제생원 조선 시대 나라에서 세운 서민들의 의료기관.
*부역 국가나 공공단체가 국민에게 의무적으로 책임을 지우는 노동.

기로 했지요. 장애인의 자립에도 관심이 많아 음악을 연주하는 악공, 점술사, 불교 경전을 읽어 병을 물리치는 독경사 등 다양한 일자리를 제공해 주었고, 장애 정도나 신분에 상관없이 능력 위주로 인재를 선발했어요. 실제로 세종 때까지 우의정과 좌의정을 지낸 허조는 중증 척추장애인이었다고 해요.

이처럼 세종은 영토 안정을 위한 4군 6진의 설치, 나라를 지키기 위한 신무기 개발, 기근 때 궁궐 대신 초가집을 선택한 결단, 사회적 약자들을 위한 파격적인 복지 제도 개설 등 당시로서는 획기적인 생각을 많이 실행했어요. 양반이든 천민이든 구별하지 않고 조선의 모든 백성들을 사랑한 세종의 따뜻한 마음이 느껴지지 않나요?

조선 말기 기산 김준근의 〈풍속도〉
중경을 읽으면서 악귀를 몰아내고 복을 기원해 주는 독경사의 모습. 조선 시대 시각 장애인들은 점복을 주업으로 삼았다.

- 우리 땅에 맞는 농사법
- 우리 악기를 제작하다
- 우리 약초를 수집하다
- 오례를 세우고 금속활자를 정리하다

스스로 새로운 지식 발굴

우리만의 자주화를 구현하다

4

조선에는 당시 우리 것보다 중국에서 들어온 것들이 더 많았어요. 말이 다른데도 중국의 한자를 글자로 사용했고, 궁중 행사에 사용하는 음악 역시 중국의 악기로 연주했어요. 생활에 밀접한 농사법이나 치료법도 마찬가지였지요. 세종은 조선이 자주국으로 바로 서기 위해 중국의 영향에서 벗어나야 한다고 생각했어요. 그렇다면 세종은 조선만의 전문 지식을 만들기 위해 어떤 일을 시작했을까요?

우리 땅에 맞는 농사법

조세 제도를 정비한 세종은 이제 농사를 잘 짓는 방법을 연구하기로 결심하고, 집현전의 학사들을 불러 모았어요.

"나라의 근본은 백성이다. 백성들의 대다수가 농사를 짓고 있는데 나라를 다스리는 임금으로서 백성들에게 도움을 주고 싶으니, 경들은 농작물의 생산성을 높일 수 있는 방법을 찾아보도록 하라."

학사들은 당황했어요. 대부분 양반 출신으로 공부에만 매진했기 때문에 농기구 한 번 만져 보지 못했거든요. 생각지도 못한 지시였어요. 한 학사가 조심스레 의견을 냈어요.

"전하, 농사는 조상 대대로 내려오던 방식을 따라가는 것이 순리입니다. 평생 학문만을 연구해 온 학사들에게 농사에 대한 연구는 어울리지 않습니다."

세종은 그를 가만히 바라보았어요.

"경은 크게 착각하고 있소. 집현전에서 학문 수련에 매진하도록 한 것은 백성에게 하나라도 도움을 주는 연구를 하란 뜻이었소. 그런데 농사를 빼 버리면 남는 게 뭐가 있소? 밥은 백성에게 전부요."

세종의 말이 이어졌어요.

"현재 우리 농법의 기본은 중국에서 들여온 것이오. 과인이 곰곰이 생각해 보니, 우리 땅과 기후가 중국과 다른데 농법이 똑같을 수 없다는 결론을 내렸소. 다들 어떻게 생각하는가?"

학사들은 고개를 조아렸어요. 이때 정초와 변효문이 적극적으로 나서며 말했어요.

"맞습니다. 우리 땅만 해도 경상도와 전라도, 함경도와 평안도의 기후가 커다란 차이가 있습니다. 그런데 더 멀리 있는 중국과 같은 농법을 쓴다는 것은 맞지 않은 일인 듯싶습니다. 당장 각 지역의 토양과 기후를 연구하도록 하겠습니다."

조선 최초 농사책 《농사직설》

1429년 정초와 변효문에 의해 간행된 《농사직설》은 1492년 내용이 보완되어 일본에도 전해졌어요. 그 뒤로도 계속 수정·보완되면서 이후 간행된 각종 농서에 인용되었어요. 우리 풍토에 맞는 농법으로 편찬된 책의 시초이지요. 정초는 《농사직설》의 서문에서 다음과 같이 밝혔어요.

농사는 천하의 대본(大本)이다. 예로부터 성왕(聖王)이 이를 힘쓰지 아니한 사람이 없었다. 우리 주상 전하께서는 백성의 생활에 힘을 써 우리와 중국의 풍토가 같지 아니하여 곡식을 심고 가꾸는 법이 각기 다르니 농법도 다르다고 하셨다. 이에 각 지역의 특성을 세세하게 분석하여 이 책을 펴낸다. 지금 우리 전하께서 이 나라 백성을 잘 기르고 나라를 위하여 길이 염려하시니, 이 책이 비록 작더라도 그 이익됨을 이루 말할 수 있겠는가.

조선 실정에 맞춰 농사법을 정리한 《농사직설》

"경험보다 중요한 것은 없으니 남들보다 수확이 좋은 농민들을 찾아내어 그들의 비법을 듣도록 하겠습니다."

세종은 앞다투어 방법을 제시하는 학사들의 의견에 귀 기울이며 기뻐했어요. 그 후 집현전의 학사들과 각 지역의 관찰사, 농민에 이르기까지 대규모의 인원이 투입된 연구가 수년간 진행되었어요.

1429년 5월, 세종은 정초와 변효문이 그동안의 연구 성과를 정리한 《농사직설》을 받아 보았어요. 책장을 넘기며 세종은 흐뭇한 표정으로 연신 고개를 끄덕였어요. 《농사직설》에는 농사의 기본인 볍씨 고르기부터 씨 뿌리는 시기, 땅 고르기, 김매기, 병충해 방지법, 수확과 저장 방법 등이 10개 항목으로 나누어 정리되어 있었어요. 책을 끝까지 다 읽은 세종은 만족스러운 표정으로 지시했어요.

"이 책을 참고하여 농사를 지으면 농작물의 수확이 많이 늘어날 것이다. 당장 인쇄하여 농민들에게 널리 보급하라."

그 후 세종은 경복궁 뒤뜰에 있는 땅을 갈아 손수 농사를 짓기 시작했어요. 왕이 농사를 짓는다는 건 상상하기도 힘든 일이에요. 세종은 《농사직설》의 효과를 백성들에게 직접 확인시키고 싶었던 거예요. 조의 씨를 뿌려 《농사직설》에서 제시하는 방법에 따라 농사를 지었는데 기존 농법보다 더 많은 양을 수확했다고 해요. 그 효과를 직접 확인한 세종은 각 지역 관리들을 불러 모았어요. 그리고 자신이 수확한 조를 쌓아 두었어요. 관리들은 모두 왕이 지은 농작물을 호기심 어린 눈으로 바라보았어요.

"농사에 초보인 과인도 《농사직설》에서 가르쳐 주는 대로만 했더니 이토록 많은 수확을 했다. 이곳에 모인 각 고을의 관리들은 근무지로 돌아

가는 즉시 《농사직설》의 보급에 더욱 힘써 주길 바란다."

임금이 친히 농사를 짓고 수확까지 했다니 그 효과를 의심하는 백성이 없었어요. 백성들의 생활도 조금씩 풍족해지기 시작했어요.

우리 악기를 제작하다

깊은 밤 처소에서 책을 읽던 세종은 잠이 오지 않아 궁궐 산책을 나섰어요. 귀뚜라미와 뻐꾸기 소리만이 밤의 적막을 깨고 있었어요. 하늘은 별이 쏟아질 듯 반짝이고 있었고 바람은 시원하게 세종의 얼굴을 스쳤어요. 기분이 좋아진 세종은 수행하던 내관에게 말했어요.

"오늘은 조금 더 멀리 가 보자."

세종은 발길이 닿지 않은 궁궐의 후미진 곳까지 걸어갔어요. 내관은 그 뒤를 총총히 따라갔지요.

앞서 가던 세종이 갑자기 걸음을 멈췄어요.

"이건 대금 소리가 아닌가?"

내관은 세종의 말에 귀를 쫑긋 세웠어요. 정말 멀리서 희미하게 대금을 연주하는 소리가 들렸어요. 세종과 내관은 소리 나는 곳으로 향했어요. 가까이 갈수록 점점 커지는 대금 소리가 세종의 마음을 흔들었어요. 음의 장단과 높낮이가 예사롭지 않아 그야말로 심금을 울리는 놀라운 솜씨였어요. 한참 울려 퍼지던 대금 소리가 어느덧 잦아들었어요. 눈을 감은 채

연주를 듣고 있던 세종의 입에서 작은 감탄사가 터져 나왔어요.

"정말 신묘한 솜씨로다!"

세종은 가까이 다가가 그를 보고 싶었지만 연주자의 감흥을 깨고 싶지 않아 발길을 돌렸어요. 밤새 깊은 잠을 이루지 못한 세종은 날이 밝자마자 내관에게 그 연주자가 누구인지 수소문해 보라고 했어요. 내관은 곧 그를 알아냈어요.

"집현전에서 행정 업무를 보고 있는 박연이란 자라고 합니다."

"박연이라고?"

평소 겸손하기로 소문난 세종이지만 딱 한 가지, 틈날 때마다 자랑하는 분야가 있었어요. 바로 음악이었죠.

궁중에서 작은 연회가 열리던 날이었어요. 대궐 악사들의 국악 연주를 듣던 세종은 *편경의 소리에 유심히 귀를 기울였어요. 곡이 끝나자 세종은 말했어요.

"한 음이 다른 음에 비해 소리가 높구나. 확인해 보도록 하라!"

세종의 지시로 악사들이 편경을 자세히 살펴보니 정말 돌 하나가 제대로 갈려지지 않아 음이 약간 높게 나오고 있었어요.

"아니, 이 미묘한 차이를 느끼시다니……."

그 자리에 있던 악사들은 할 말을 잃었어요. 이후 세종에게는 절대음감이라는 칭호가 붙었지요.

한번은 세종이 자존심에 상처를 입은 날이 있었어요. 그 일은 명나라에서 온 사신을 접대하기 위해 마련한 궁중 연회에서 벌어졌어요. 사신들이 연회장에 들어오자 환영하기 위한 음악이 연주되기 시작했어요. 명나라 사신들은 음악을 들으며 만족스런 웃음을 지었어요. 연주가 절정에 다다르자 점점 흥이 오른 사신은 급기야 중앙으로 나가 덩실덩실 춤까지 췄어요. 그리고 세종 앞으로 다가오더니 이렇게 말했어요.

---

*편경 두 층의 걸이가 있는 틀에 한 층마다 서로 다른 8개의 옥돌을 매어 달고 치는 타악기.

"조선 땅에서 우리 명나라의 음악을 들으니 고향에 있는 기분이 나는군요. 여기가 조선 땅이 아니라 명나라 땅 같습니다. 하하."

그 말을 들은 세종은 얼굴이 붉어졌어요. 사신은 조선을 명나라의 속국처럼 대하고 있었던 거예요. 하지만 사신의 말에 반박할 수 없었어요. 그의 말이 아주 틀린 건 아니었기 때문이죠.

평소에도 세종은 한 가지 불만이 있었어요.

'어째서 우리의 궁중 행사인데 명나라의 악기로, 명나라의 음악을 연주하는 것인가?'

당시 조선의 악기들은 거의 다 중국에서 가져온 것이었어요. 궁중 예식 때 쓰이는 공식 음악인 아악도 송나라 때 넘어온 음악이에요.

'이게 다 우리 문화가 명나라에 지배당하고 있기 때문이다. 명나라의 영향에서 벗어나야겠다! 우선 음악부터 우리 것으로 바꿔야 해!'

조선 궁중의 큰 행사 때 연주하는 음악은 단순히 예술을 넘어 백성들의 마음을 화합하게 하고 나라의 위엄을 상징하는 것이에요. 마치 지금의 애국가처럼, 음악으로 백성들의 마음을 하나로 모으는 기능을 하는 것이지요.

세종은 새로운 음악을 만들기로 결심했어요. 조선의 악기도 개발하기로 했어요. 세종은 신하들을 불러 자신의 생각을 말했어요.

"조선의 주체성을 가지기 위해서는 음악을 정비해야 한다. 시끄럽고 산만한 명나라 음악은 조선의 정서와 동떨어져 있으니 우리 정서에 맞는 음악을 만드는 게 어떻겠는가?"

그러자 명나라를 숭상하는 사대주의에 빠져 있던 신하들이 반대했어요.

"우리가 다른 음악으로 바꾸려는 것을 명나라 황제가 알면 가만히 있지 않을 것입니다. 대국의 높은 수준에 있는 음악이야말로 하늘에서 내려 준 음악이옵니다."

조용히 경청하던 세종이 말했어요.

"음악은 단순히 듣기 좋은 것이 최고가 아니다. 마땅히 바른 음악은 사람을 바르게 이끌고 좋은 방향으로 나아가게 하는 법이다. 그런데 우리의 백성들을 중국의 음악으로 바르게 이끈다는 것은 이치에 맞지 않는다."

하지만 신하들은 여전히 반대했어요. 세종은 한 가지 타협안을 내놓았어요.

"그럼 나와 함께 모두 음악 공부를 해 봅시다."

세종의 갑작스런 제안에 신하들은 깜짝 놀랐어요. 음악은 악사들이나 하는 것으로 생각했거든요. 세종은 당황하는 신하들을 돌아보며 생각했어요.

'우리 모두의 생각이 바뀌어야 우리의 악기도 만들고 우리의 음악도 만들 수 있어!'

세종은 신하들과 학문, 정치 등을 토론하는 자리인 경연에서 《율려신서》라는 명나라의 음악 이론서를 펴고 기초부터 함께 공부했어요. 세 달간 이론 공부가 진행되는 동안, 음악에 대한 신하들의 생각도 점차 달라지기 시작했어요. 강독이 끝나는 날, 세종은 신하들에게 물었어요.

"음악을 직접 공부해 보니 어떤가?"

한 학사가 말했어요.

"그저 듣기만 했던 음악도 이론을 공부하니 훨씬 이해가 쉬운 듯합니다. 우리 음악에 대한 공부도 필요할 것 같습니다."

그 말에 세종은 만족스럽게 웃었어요.

"《율려신서》는 명나라의 음악에 대해서만 논하고 있다. 명나라 못지않게 우리나라 음악도 어디에 내놓아도 손색없다. 앞으로 조선의 음악을 바로 세울 계획이니 아직 반대하는 사람이 있다면 이야기해 보거라."

세종의 단호한 말에 그 누구도 나서지 않았어요. 몇 개월간 음악 공부를 해 보니 임금의 말이 이치에 맞았던 거예요. 반대하는 신하가 없자 세종은 책상 위에 놓인 상소를 여러 장 꺼내 들었어요.

"이 상소를 올린 박연을 데리고 오너라."

신하들은 말단 관직에 불과한 박연을 왜 불러 오라고 하는지 의아한 눈으로 서로를 바라보았어요. 당시 박연은 집현전의 행정직 관리로 음악과는 거리가 먼 직책을 맡고 있었어요. 하지만 박연에게는 조선의 음악을 바로잡고 싶다는 신념이 있었어요. 그동안 실행할 수 있는 방법으로, 어떻게 악기를 제작하고 음악을 연주해야 하는지 상세히 설명한 상소를 계속해서 올리고 있었던 거예요.

당시 불완전하던 악기 조율의 정리와 악보 편찬의 필요성 등을 담은 박연의 상소가 수백 개가 넘었다고 해요. 늦은 밤 산책길에서 들었던 대금 연주를 또렷이 기억하고 있던 세종에게 박연의 음악에 대한 열정은 눈에 띌 수밖에 없었지요. 하지만 신하들은 말단직에 불과한 박연을 쓴다는 것이 탐탁치 않았어요.

"박연은 음악에만 미쳐서 본연의 업무도 잘 돌보지 않고, 세상이 돌아

세종의 음악 도우미 박연

박연은 어릴 적부터 연주를 좋아해서 피리, 거문고, 비파 등 다양한 악기를 전문 악사를 능가할 정도로 다뤘어요. 태종 시절 집현전에서 행정 업무를 보다가, 세종이 즉위한 뒤 악학별좌에 임명되어 음악과 관련된 업무를 담당했어요. 세종의 명에 따라 조선의 악기와 음악을 정리한 박연은 문종과 세조 때에도 이 업무를 게을리하지 않았어요. 그의 음악적 소양을 대체할 만한 다른 인재가 없었던 거예요.

하지만 박연의 막내아들이 단종의 복위 운동에 참여했다가 세조에게 처형되고 박연 역시 관직을 박탈당했어요. 고향으로 돌아가는 뱃전에서 연주하는 박연의 피리 소리를 듣고 그 애잔함에 눈물을 흘리지 않은 사람이 없었다고 해요. 박연은 고구려의 왕산악, 신라의 우륵과 함께 우리나라 역사의 3대 악성[*]으로 추앙받고 있어요.

국악박물관에 소장된 박연 부부의 초상화.

＊악성 성인이라고 이를 정도로 뛰어난 음악가.

가는 이치도 모르는 자입니다."

그 말에 세종은 쓴웃음을 지었어요.

"새로운 지식을 창조하기 위해서는 그 분야에 미친 사람이 필요한 법이다. 박연이 올린 상소를 보면 음악에 완전히 빠져 있다는 것을 알 수 있다. 또한 연주 솜씨도 놀라울 정도로 아름답다. 이보다 더 완벽한 사람이

어디 있겠는가? 여기 박연보다 음악에 더 미칠 수 있는 사람이 있는가?"

세종은 신하들의 만류를 뿌리치고 박연을 악학별좌에 임명했어요.

"이제부터 경은 악기도감에서 우리 악기를 만들도록 하라. 그리고 현재 제각각인 각종 행사와 제사에 통일성 있는 음악으로 정리하라."

뜻밖의 명을 받은 박연은 깜짝 놀랐어요. 수많은 업무로 바쁜 임금이 음악에 관심을 가질 거라고는 기대하지 않았거든요. 갑자기 찾아온 기회에 박연은 주먹을 불끈 쥐었어요.

"성심껏 일하겠습니다!"

박연은 먼저 악기 제작에 돌입했어요. 그 무렵 조선은 명나라에서 모든 악기를 구입하고 있었어요. 그 문제를 두고 박연은 깊이 고민했어요.

'우리나라에서 나는 재료로 악기를 만들 수는 없을까?'

박연은 수소문하여 찾은 '경석'이라는 돌을 사용해 편경을 제작했어요. 물론 그 과정에서 여러 번의 시행착오가 있었지요.

얼마 뒤, 박연은 세종 앞에서 시연하게 되었어요. 우리의 재료로 만든 편경을 연주하자 맑고 청량한 소리가 울려 퍼졌어요. 명나라에서 가져온 편경의 둔탁한 소리와는 확연히 차이가 났어요. 세종은 크게 기뻐했어요.

"이렇게 재능 있는 인물을 두고 세상 사람들은 음악에 미쳤다고만 말했구나. 과인이 보기에 경은 음악뿐만 아니라 세상일에도 통달한 사람이다."

세종의 극찬에 박연은 몸 둘 바를 몰랐어요. 이후에도 박연은 과로로 인해 몇 차례 앓아누울 정도로 조선의 음악과 악기 제작에 열정을 쏟았어요. 하지만 세종과 박연의 관계가 내내 좋았던 것은 아니에요. 음악적 의견 차이를 두고 정면으로 부딪히기도 했어요.

세종은 예부터 내려온 본래 음악인 *향악을 중심으로 음악을 정비하고자 했지만, 명나라의 음악 이론에 정통했던 박연은 좀 더 발달된 명나라식으로 정리하고자 했던 거예요. 세종은 박연을 불러다 호통을 쳤어요.

"명나라의 음악을 쓰려고 우리의 향악을 버리는 것은 결코 안 된다!"

그러자 박연은 반박했어요.

"대국의 아악이야말로 완벽한 음악입니다. 주나라 때의 훌륭한 음악을 발굴하여 우리가 써야 합니다."

양반들 사이에 퍼져 있던 사대주의가 박연에게도 남아 있었던 거예요. 하지만 자주성을 중시하는 세종에게는 얼토당토않은 논리였어요.

"우리의 음악이 완벽하다고는 할 수 없으나 대국에 부끄러워할 것도 없다. 대국의 음악 역시 어찌 완벽하다고 할 수 있겠는가!"

세종의 말에도 박연은 굽히지 않았어요. 게다가 향악보다 아악을 중시하는 조정의 신하들이 훨씬 더 많았지요. 사대주의에 길들여진 탓도 있지만 그동안 문제없이 써 왔던 것이니 익숙하다는 게 그 이유였어요.

"참 답답한 노릇이구나!"

박연과의 갈등이 끝나지 않자 세종은 믿을 수 있는 신하 맹사성을 불러

＊향악 삼국 시대부터 지금까지 전해 내려오는 우리 고유의 궁중 음악.

의견을 물었어요. 맹사성은 재상이면서 음악에도 조예가 깊었어요.

"모두 조선 땅에 살면서 명나라만을 바라보는 게 참으로 한심하오. 그들은 생각지도 않는데 말이오. 왕실의 궁중 연회와 제사 음악으로 향악을 연주하게 하려는데, 경의 의견은 어떠하오?"

한참을 고민하던 맹사성은 세종에게 아뢰었어요.

"우리의 전통인 향악을 어찌 내칠 수 있겠습니까? 다만 많은 이들의 뜻이 그러하니 향악과 아악을 함께 쓰는 것이 옳은 듯 보입니다."

세종은 만족스럽진 않았지만 더 이상 지체할 수 없어 맹사성의 의견을 받아들였어요. 박연도 그 의견에 따라 향악을 아악과 결합하여 궁중악으로 정비했어요. 당시에는 세종이 일부 양보하여 아악과 향악을 함께 사용했지만, 세종이 세상을 떠난 후에는 새로운 음악인 신악을 사용했어요. 이는 곧 향악에 기반을 둔 것이었지요. 명나라의 아악은 시간이 흐를수록 점차 그 흔적을 잃어 갔어요. 결국 세종의 판단이 맞았던 거예요.

세종 때 정비한 음악을 기반으로 아들 세조 때부터는 왕실의 제사 음악인 종묘제례악이 사용되었어요. 그리고 550여 년이 흐른 2001년, 유네스코가 선정한 세계무형 문화유산에 종묘제례악이 등재되었어요. 전 세계를 통틀어, 왕실의 제사 음악이 거의 완벽하게 남아 있는 유일한 예라고 해요. 음악적 재능이 뛰어난 왕 세종과 신하 박연의 만남은 우리만의 자주적인 악기 발명과 새로운 음악을 탄생시킨 결정적인 계기가 되었어요.

세계가 인정한 유산 종묘제례악

종묘제례악은 조선의 역대 왕을 모시는 종묘에서 제사 때에 쓰이는 음악이에요. 음악뿐만 아니라 춤과 노래도 포함되는데 음악에 맞춰 춤추는 사람들이 64명이나 된답니다. 가사는 주로 선왕들의 업적을 칭송하는 내용으로 이루어져 있어요. 세종이 만든 종묘제례악은 정작 세종 때에는 쓰이지 못했어요. 사대주의에 젖은 유학자들이 명나라의 음악이 아닌 우리의 음악을 연주할 때 반대했던 것이지요. 하지만 이후 세조 때는 신하들의 반대에도 불구하고 아버지 세종이 만든 종묘제례악을 사용했어요.

1964년 종묘제례악은 중요무형문화재 제1호로 지정되었고, 2001년에는 '종묘제례'와 함께 유네스코 선정 세계무형유산으로 지정되었어요.

세종이 처음 만들고 세조가 완성한 종묘제례악의 연주 모습

우리 약초를 수집하다

　세종이 이루어 놓은 업적과 하루 동안의 업무량을 보면 그가 엄청난 체력의 소유자가 아닐까 생각할 수 있어요. 하지만 세종은 자신의 몸을 돌보는 것보다 임금으로서 백성을 위해 일한다는 사명감을 더 중시했어요. 덕분에 점점 시력을 잃어 갔고 중풍과 당뇨를 얻었어요. 평생 그를 괴롭힌 병이지요.
　어느 날 *어의 전순의가 당뇨 증상이 심해진 세종을 진료하며 말했어요.
　"전하, 전력을 다해 치료하겠으나 무엇보다 휴식을 취하셔야 합니다."
　하지만 업무를 중단하고 싶지 않았던 세종은 빨리 회복되기만을 바랐어요.
　"한가하게 쉴 시간이 없소. 약을 써서 좋아질 수 있도록 손쓰시오."
　세종의 말에 어의가 난감한 표정을 지었어요.
　"효과가 좋은 약재가 조선에서 이미 바닥이 난 지 오래입니다. 명나라에서 수입해 들어오고 있다 하나 시간이 많이 걸릴 듯합니다."
　어의의 말에 자리에 누워 있던 세종이 몸을 일으켰어요.
　"조선 땅에 약재가 없다는 것이 사실이오?"
　"네. 그나마 조금 남아 있던 약재는 가격이 폭등해서 일부 양반집으로 팔려 갔다 합니다."

***어의** 궁궐 내에서 임금이나 임금 일가의 병을 치료하던 의사.

"그러면 백성들이 아플 때는 어떻게 한단 말이오?"

"약값을 감당하기 힘들어 참는 도리밖에 없다고 들었습니다."

어의의 말에 세종은 충격을 받았어요. 어린 시절부터 세종도 자주 아팠지만 항상 주변에 대기하고 있는 의원이 있었기에 치료비 걱정을 해 본 적이 없었어요. 하지만 일반 백성들은 처지가 달랐던 거예요.

조선 시대에도 고치기 어려운 병에 걸린 환자를 치료하려면 멀쩡한 집이나 땅을 팔고도 모자라 가족이 뿔뿔이 흩어져 돈을 벌어야 했어요. 값비싼 의료비와 약값을 댈 수 없었기 때문이에요. 그중 일부는 양반집 노비로 전락하는 경우도 있었어요.

어의와 대화를 나누던 세종은 몸이 아픈 것도 잊고 긴 탄식을 내뱉었어요.

'아픈 것도 괴로울 텐데 치료비가 없어서 고통을 두 배로 떠안아야 하다니······.'

세종은 누구보다 몸이 아픈 사람의 설움을 잘 알고 있었어요.

'하루빨리 백성들의 진료비와 약값에 대한 부담을 덜어 줘야 해!'

몇 날 며칠을 고민한 세종은 어의 전순의를 다시 불러 상의했어요. 세종의 의견을 새겨들은 전순의는 왕과 함께 백성의 부담을 줄여 줄 방법을 연구했어요.

얼마 후 세종은 고심 끝에 만든 대책을 하나씩 발표하기 시작했어요.

"터무니없이 비싼 약값을 내리거라. 또한 명나라의 비싼 약재를 대신할 우리 약재를 찾도록 하라."

명나라에서 들여오는 약값을 줄이는 것이 그 첫 번째 목표였어요. 그리고 세종의 지시에 따라 각 지역의 의원들이 총동원되어 우리나라 각 지역에서 얻을 수 있는 약초를 조사하기 시작했어요. 그중 비슷한 효과를 내는 우리 약재를 발굴하고 분류했어요. 약초의 성질과 효능뿐만 아니라 채취 시기와 말리는 방법까지 세세하게 기록했어요. 그 결과를 토대로 1433년, 세종 15년에 85권이나 되는 《향약집성방》을 출간했어요. 《향약집성방》의 서문에는 다음과 같이 적혀 있어요.

"명나라와 천 리나 떨어져 있으므로 풍속도, 음식도, 나무와 풀도 다르다. 우리나라에도 효험 있는 나무와 풀이 많지만 그 사용법을 잘 모른다. 이제껏 얻기 어려운 명나라 약재에만 의지해 제대로 약을 쓰지 못해 병이 깊어지기만 했다. 민간에서 약초 하나로 우리 병이 낫는 것은 우리 땅에서 구한 우리 약재이기 때문이다."

한 마디로 '우리 땅에서 난 것이 우리 몸에 맞는다'는 신토불이 정신이었어요. 치밀한 세종은 또 이렇게 말했어요.

"모든 약재는 반드시 때를 맞춰 채취하고 말리는 것을 원칙으로 하라. 또한 약재상에 납품할 때는 어디에 사는 누가, 언제 채취하여 말린 것인지 함께 기입하도록 하라."

오늘날로 말하면 '생산자 실명제'를 도입한 거예요. 이를 통해 세종은 두 가지를 바로잡으려 했어요. 첫째로는 좋은 약재를 중간 과정에서 악용하지 않고 제대로 공급하겠다는 의지였어요. 둘째로는 약초를 잘 구분할 수 없는 백성들을 속일 수 없도록 한 것이었어요. 세종이 《향약집성방》을 펴내고 실명제를 도입함으로써 우리 약재의 생산량이 늘었고 약값은 크게 떨어졌어요.

이제 근본적인 치료법으로 시선을 돌린 세종은 전국에서 용하다는 의원들을 불러 모았어요.

"약을 과하게 쓰지 않도록 침과 뜸, 부황 등의 적절한 치료법을 개발하여 보급하라."

　몸이 아플 때 약을 적게 쓰거나 아예 쓰지 않아도 된다면 치료비가 낮아질 거라는 생각이었어요. 모여 든 의원들은 세종의 의지에 혀를 내둘렀어요. 이토록 의학 연구에 신경을 쓰는 임금은 일찍이 듣지도 보지도 못했거든요. 임금 곁에는 조선 제일의 명의가 항상 대기하고 있기에 의학에 몰두하는 왕이 없었던 것이 어찌 보면 당연했어요. 하지만 자신의 몸보다 백성을 먼저 생각한 세종은 예외였지요.

　의원들이 열심히 개발한 치료법은 검토를 거쳐 민간에 널리 보급됐어요. 약을 많이 쓰지 않으니 자연히 경제적인 부담을 한결 덜 수 있었어요.

　그뿐만이 아니었어요. 세종은 그 시절에는 상상도 못하는 일을 구상했어요. 돈이 없어 치료를 받지 못하는 백성을 위해 무료 의료기관을 확대한 거예요. 백성들을 위한 의료기관으로 제생원과 혜민국이 있었지만, 세종은 무료 의료기관에다 재정을 확충하고 의원 수를 더 많이 늘렸어요. 특히 여자 환자들이 남자 의사에게 진료 받는 것을 꺼린다는 보고를 받고 의녀(여자 의사) 제도를 전국으로 확장시켰어요.

　"여자든 노비든, 아파서 고생하는 백성이 있어서는 안 된다."

　이처럼 세종은 병에 걸려 삶을 포기하거나 치료비가 없어 가족이 뿔뿔이 흩어지는 것을 막기 위해 여러 가지 정책을 구상하고 실천했어요. 이전까지 명나라의 의료법과 약재로 치료하던 관행을 과감히 바꾼 것이었어요.

　이후에도 세종은 의학에 꾸준히 관심을 가지며 1445년, 세종 나이 49세

때에 《의방유취》라는 책을 완성했어요. 우리나라와 중국의 의학 정보를 무려 266권에 달하는 방대한 분량에 담은 동양 최대의 의학사전이에요. 《의방유취》는 500여 년이 흐른 지금까지도 우리나라와 중국, 일본의 한의사들이 참고하는 책이에요.

세종이 정리한 의학서

《향약집성방》은 태조 때 지은 《향약제생집성방》을 토대로 하여 1433년 새로 쓴 우리나라 고유의 약재 처방에 관한 책이에요. 집현전의 직제학인 유효통, 노중례 등에 의해 완성되었어요. 향약이라는 말은 '우리나라에서 생산되는 약재'라는 뜻이에요.
《향약집성방》에는 질병을 다스리는 처방이 10,706가지, 침을 놓는 법 1,416가지, 약재를 다루고 가공하는 법이 각각 694가지나 기록되어 있어요.
《의방유취》는 《향약집성방》을 간행한 이후 자주적 의학을 발전시키기 위해 체계적인 의학 서적의 필요성을 느낀 세종의 왕명으로 편찬된 의학사전이에요. 김순의, 노중례, 김유지 등에 의해 집필되었어요. 중국의 한나라와 당나라, 명나라에 이르기까지 164권의 의서를 원문 그대로 수록했어요. 우리의 의학을 발전시키기 위해 유명한 고전 의서를 한데 모아 정리한 책이에요.
처음에는 365권으로 발간했다가 추후 266권으로 축소했어요. 1445년 완성했지만 너무 방대하여 계속 정리하다가 1477년 인쇄하여 내의원과 혜민국 등의 의료기관에 배포됐어요.

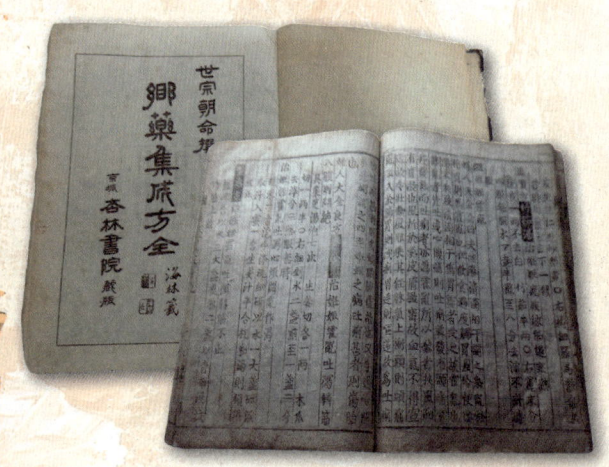

《향약집성방》

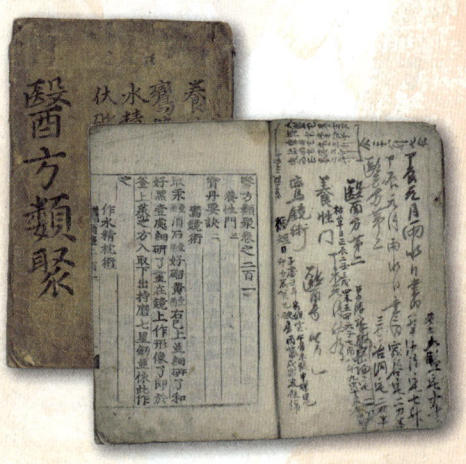

《의방유취》

오례를 세우고 금속활자를 정리하다

오례는 나라에서 시행하는 다섯 가지 예법, 즉 종묘사직 등 나라의 중요한 제사인 길례, 국장이나 장례 같은 흉례, 군사 의식인 군례, 사신을 접대하는 빈례, 궁중 의식 및 연회 같은 가례 등을 가리켜요.

세종은 오례를 무척 중요하게 여겼어요. 조선이 제대로 서기 위해서는 정해진 예법을 임금과 신하와 백성이 모두 따라 지킬 때 비로소 나라의 기틀이 만들어진다고 생각했어요. 하지만 조선 초기에는 통일된 예법이 없었어요. 세종 시대 이전에도 나름대로 예법을 갖추었지만 체계적이지 않아 그때그때 달랐어요. 특히 명나라에서 사용하는 예법을 별다른 생각 없이 따라 하는 경우도 있었어요. 조선의 자주화를 추진한 세종이 이 문제를 그냥 넘길 리 없었어요.

세종은 집현전의 학사들을 불렀어요.

"윗사람을 만났을 때 누구는 절을 하고 누구는 고개만 숙여 인사한다. 정해진 예법이 없으니 벌어지는 일이다. 또한 국가의 각종 행사를 치를 때마다 주최하는 자에 따라 그 예법이 달리 진행되니 이 또한 문제가 있다. 사람이 서로 관계를 맺고 살아가는 데 있어 예절은 무척 중요한데, 통일된 예법이 없으니 따르고자 하여도 따르기 힘들다. 경들이 조선의 예법을 정리하여 취할 것은 취하고 버릴 것은 버려 문서로 엮도록 하라."

세종의 말에 한 학사가 반대 의견을 냈어요.

"전하, 예법은 혹 그것이 잘못된 것이라 할지라도 이미 사람들에게 익숙해 있기 때문에 하루아침에 강제로 바꿀 수가 없는 줄 아뢰옵니다."

세종은 그를 바라보며 말했어요.

"경의 말도 옳다. 하지만 앞으로 조선의 역사가 언제까지 이어질 것 같은가?"

세종의 질문에 학사는 당황했어요.

"그건 생각해 보지 않아서 잘 모르겠습니다."

"앞으로 조선은 수백 년간 아니, 어쩌면 우리 민족이 존재하는 한 끝도 없이 이어질 수도 있다. 내가 이 자리에 있는 동안 전부 바뀌길 바라는 것이 아니다. 다만 익숙한 예법을 바꾸기 힘들다 할지라도 지금 우리 시대에 정리하지 않으면 조선의 역사가 흐를수록 후손들의 예법은 더 엉망이 될 것이다."

집현전의 학사들은 천천히 고개를 끄덕였어요. 세종은 당장 눈앞보다 훨씬 더 먼 미래까지 내다보고 있었어요. 세종의 명에 따라 집현전의 학사들은 예법 정리를 장기 계획으로 삼고 꾸준히 정리하기 시작했어요. 명나라에서 들어온 예법 중에 우리 실정에 맞지 않는 것은 과감히 버리고 조선만의 예법을 찾아 문서로 만들었어요.

이는 조선의 정체성 확립과 맥을 같이하는 일이었어요. 이 시대에 만들어진 오례는 세종의 예언대로 조선 왕조 오백 년 동안 계속 이용되었어요.

다음으로 세종의 다른 고민은 바로 조선의 인쇄 기술이었어요. 책을 좋아한 세종인지라 앞서 언급한 의학, 음악, 천문 등 여러 분야에서 책을 많이 발간했지요. 하지만 즉위 초기 조선의 인쇄술은 형편없었어요. 1377년 고려 말 우왕 때 세계 최초로 금속활자를 만들어 《직지》 두 권을 찍어 냈지만, 그 이후 인쇄술의 발전은 더뎠어요. 무엇보다 활자 문제가 컸어요.

기존 금속활자에 사용된 활자인 계미자는 가늘고 잘 허물어져 글자가 삐뚤어지고 깨진 채 인쇄가 됐어요. 또한 약간의 열에도 활자판이 녹아내려 대량 인쇄를 하기엔 부족한 면이 많았어요. 조선에서 책을 제대로 인쇄하지 못하니 선비들은 명나라에서 수입한 책을 읽으며 공부했어요. 나랏돈이 명나라로 나가는 것도 문제였지만, 무엇보다 책은 그 민족의 정신이 담긴 유산인데 명나라에서 건너온 책으로 계속 공부한다는 것은 세종의 자존심이 허락하지 않았어요.

세종은 이천을 불러 금속활자를 개량하여 책을 대량으로 찍을 수 있는 인쇄술을 발전시키라고 지시했어요. 이순지, 장영실 등 당시 집현전의 과학자와 기술자가 이천의 지휘 아래 새로운 활

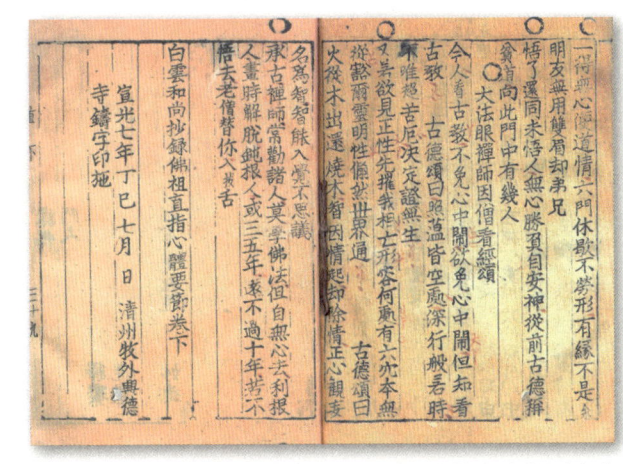

세계에서 가장 오래된 금속활자 인쇄본 〈직지〉
2001년 유네스코 세계기록문화유산에 등재되었으나 아쉽게도 프랑스 국립도서관에서 소장하고 있다.

자 연구에 매달렸어요. 하지만 활자를 만드는 것은 결코 쉬운 일이 아니었어요. 세종은 실패를 거듭하는 이천에게 말했어요.

"활자의 제조 방식을 근본적으로 바꿔 보는 것이 어떻겠는가? 활자판에 활자들을 놓고 녹인 밀랍을 부어 넣는 방식은 활자가 움직이는 단점이 있으니 말이네."

세종의 지적대로 기존 방식은 몇 번만 인쇄하면 활자가 움직여서 많은 양을 찍을 수 없었어요. 이천은 새로운 방식을 고민했어요. 그리고 수많은 시행착오 끝에 규격을 정확하게 맞춰서 인쇄 중에 활자가 뒤틀리지 않는 주조법을 찾아냈어요.

1434년, 세종 나이 38세였어요. 마침내 새로운 '갑인자'가 탄생했어요. 갑인자는 활자 크기가 고르고, 큰 글자와 작은 글자를 섞어도 전혀 어색하지 않게 정교하여 인쇄된 글을 읽기가 편했어요. 활자판이 무너지지 않으니 한 번 짠 판으로 짧은 시간 안에 대량 인쇄가 가능했어요. 갑인자의 등장 이후 조선은 수백 년 동안이나 이 활자를 사용했어요.

세종은 갑인자로 인쇄된 첫 책을 보면서 감탄했어요.

"글자 크기가 일정하고 심히 아름답구나. 경들의 노고는 세상에 널리 남을 것이다."

세종은 이천, 장영실 등 활자 개량에 참여한 신하들을 칭찬했어요.

세종은 조선의 백성, 그리고 미래의 후손들이 더욱 편리하고 행복하게 살기 위해서는 누군가가 열정과 노력을 쏟아 부어야 한다고 생각했어요.

그리고 그 누군가는 자신을 비롯한 동시대의 '인재들'이라고 확신했어요. 그래서 음악, 농업, 의학, 의례, 기술 등 다양한 분야의 지식을 융합하고 창조하는 데 힘을 아끼지 않았던 거예요. 세종의 시선은 이제 문화를 지나 조선의 첨단 과학으로 향하고 있었어요.

- 천문학을 발전시키다
- 조선의 시간을 알아내다
- 노비 출신의 과학자
- 실용적인 기구를 만들다

세상에 없던 과학기술 창조력

조선 최고의 과학과 기술이 융성하다 5

세종 시대에 엄청난 과학의 발전이 있었어요. 세종은 과학만이 농업의 생산성을 향상시켜 백성들의 생활에 좋은 영향을 끼칠 것이라 생각했어요. 따라서 수학, 지리학, 천문학, 기상학 같은 과학의 기초가 되는 학문들에 깊은 관심을 보이며 인재를 수소문했어요. 이것들이 실생활에 접목되어 이전에는 상상도 못했던 물건들이 만들어졌어요. 세종과 과학기술 인재들이 함께 창조한 놀라운 과학 세계 속으로 들어가 볼까요?

천문학을 발전시키다

1422년 정월 초하루에 세종과 신하들은 구식례를 하기 위해 창덕궁 뜰 앞에 나와 있었어요. 구식례는 일식이나 월식이 있을 때 왕을 상징하는 해가 가려지며 어두워지는 것을 불길한 징조로 여겨 해가 다시 나오기를 기원하는 의식을 말해요.

이날은 달이 해를 완전히 가리는 개기 일식이었어요. 세종과 신하들 모두 초조한 표정이었어요. *서운관에서 관측한 일식이 일어날 시간이 지났지만, 해는 여전히 밝은 그대로였거든요. 세종의 표정은 점점 어두워졌어요. 예상한 시간보다 일식이 늦어지는 것은 왕이 하늘을 공경하지 않는다는 부정적인 인식이 있었기 때문이에요. 신하들도 동요하며 웅성거리기 시작했어요. 그리고 시간이 더 흘렀을 무렵, 태양에 달이 겹치면서 순식간에 어두워지기 시작했어요. 세종과 신하들은 비로소 안도의 한숨을 쉬었어요.

곧 천체의 운행 시간을 제대로 관측하지 못한 책임을 물어 서운관의 담당자를 곤장형에 처했어요. 하지만 그건 담당자의 잘못만은 아니었어요. 명나라에서 들여온 역법으로 일식을 예측했기에 명나라와 우리나라의 시차는 미처 계산에 넣지 못했던 거예요. 이때 세종은 명나라와 조선의 시간

***서운관** 해와 달의 관찰을 기본으로 수성·금성·화성·목성·토성의 운행과 간혹 나타나는 혜성을 관찰하고 기록하는 일을 하는 오늘날의 천문대.

이 다르다는 것을 확실히 인식하고 천문에 대해 깊이 생각하게 되었어요.

　집권 초기 계속된 가뭄으로 고통 받았던 세종은 과학기술을 통해 자연재해를 줄이고 농작물의 생산성을 높이고자 노력했어요. 세종은 조선의 역법을 정립하면 자연 현상뿐만 아니라 농업 일정에도 좀 더 정확한 예상이 가능하다고 생각했어요. 이를 위해 하늘의 이치를 연구하는 천문학과 *역산에 특별한 관심을 보였어요.

　조선 초기의 천문학은 칠정의 운행을 관찰하여 원리를 찾아내는 것이었어요. 칠정은 해와 달, 그리고 화성·수성·목성·토성·금성 등 일곱 별을 가리키는 말이에요. 또 이 별들의 움직임에 대한 연구를 하기 위한 계산법이 역산이에요. 역산의 기초는 오늘날의 수학이지요.

　당시 이순지는 조선 최고의 역산 전문가로 소문이 나 있었어요. 본격적으로 천문학을 연구하기로 결심한 세종은 이순지에 대한 소문을 듣고 그를 불렀어요. 창백한 얼굴로 세종 앞에 나타난 이순지는 그저 병약한 *서생에 불과해 보였어요. 사실 이순지는 어릴 적 죽을 고비를 여러 번 넘겼을 만큼 몸이 약했어요. 눈에서 눈물이 계속 흐르는 병도 있었지요. 아무리 봐도 중차대한 일을 하기엔 힘든 모습이라 세종은 잠시 고민을 했어요.

　'저런 허약한 몸으로 어려운 역산을 공부했다니 소문이 잘못된 것은 아닌가?'

---

*역산 1년 동안의 월일, 해와 달의 운행, 월식과 일식 등 책력과 산술에 관한 학문.
*서생 글만 읽어 세상일에 서툰 선비를 비유적으로 이르는 말.

세종은 이순지를 시험하기 위해 한 가지 물었어요.

"우리나라가 지도상 어디쯤 위치하고 있는지 아는가?"

이순지는 고민도 안 하고 바로 답했어요.

"조선은 38도에 위치한 나라입니다."

"그러한가……."

세종은 혼잣말을 했어요. 사실 세종도 정확한 답을 모르고 질문한 것이었어요. 이순지가 대답을 아예 못할 것으로 생각했던 거예요. 하지만 망설

이지 않고 자신만만하게 대답하는 태도로 보아 맞을 것이라 짐작했어요. 그날은 이순지를 그냥 돌려보냈어요. 물러가는 이순지를 향해 세종은 이 한 마디를 남겼어요.

"건강부터 챙기고 기다리거라."

당시 세종이 신하나 학사들에게 맡기는 업무량은 가혹할 정도로 많았어요. 그래서 이순지를 실제 천문학 업무에 배치한다 하더라도 그의 체력이 버틸 수 있을까 걱정되었어요. 세종은 어의를 시켜 이순지에게 보약을 지어 보냈어요.

얼마 뒤 명나라에서 천문학자가 찾아와 세종을 알현했어요. 당시 명나라의 천문학은 조선의 수준을 한참 뛰어넘어 있었어요.

'명나라의 천문학자라면 능히 답을 알고 있겠지?'

세종은 그에게 이순지와 같은 질문을 했어요. 그러자 명나라 천문학자가 바로 대답했어요.

"조선은 38도에 위치해 있습니다."

그 역시 같은 대답을 하자 세종은 고개를 끄덕였어요.

'이순지가 옳았구나!'

세종은 이순지를 다시 불렀어요. 세종의 충고와 하사한 보약 덕분인지 그사이 이순지의 건강 상태는 눈에 띄게 좋아 보였어요.

"막중한 업무를 감당할 수 있겠소?"

이순지는 자신을 챙겨 준 세종에게 감동했어요. 세종의 말에 이순지는 고개를 더욱 숙이며 답했어요.

"힘닿는 데까지 열심히 하겠습니다!"

세종은 그를 서운관으로 즉시 발령을 냈어요. 이순지는 그곳에서 별의 운행을 관측·기록하여 원리를 파악하는 업무를 맡았어요. 몸은 약했지만 맡은 일을 무리 없이 잘 처리했어요. 얼마 지나지 않아 세종은 이순지에게 천문학 책을 편찬하라고 지시했어요.

1445년 이순지는 천문과 역법 등에 관한 지식을 정리한 천문학서인 《제가역상집》을 발행했어요. 총 4권으로 이루어진 이 책은 세종의 천문학에 대한 관심과 이순지의 열정이 함께 어우러진 뛰어난 천문학 책이에요. 이순지는 서문에서 편찬 동기를 밝혔어요.

"제왕의 정치는 천문과 역법으로 올바른 때를 맞추는 것보다 중요한 것은 없는데 우리나라는 그것을 소홀히 했다. 1433년 우리 전하의 생각으로 천문과 역법에 관한 책을 연구하기 시작했다. 예전과 지금의 관련 책을 연구하여 미진한 바를 보완하였으며 여러 별자리를 연구하고 배열하여 바른 것을 취했다. 역법에 있어서는 기존의 책들을 서로 비교하여 교정하였다. 이 책으로 인해 하늘의 위치를 구해 보면 얻을 것이 많을 것이다. 또한 전하께서 하늘을 공경하고 백성을 위해 힘쓰시는 것을 확인할 수 있을 것이다."

세종의 지시로 집필되었음을 확실하게 밝히고 있어요. 이순지가 작업을 비밀리에 추진한 이유는 당시 역법이 명나라의 황제만이 알 수 있는 시대였기 때문이에요. 새롭게 역법을 만든다는 것 자체가 명나라에게 전쟁을 일으킬 구실을 줄 수도 있는 일이었어요. 그래서 매년 명나라로 사신을 보내 그해의 역법을 받아 오기도 했지요.

이런 모든 위험을 무릅쓰고 1444년에는 《칠정산내편》과 《칠정산외편》을 완성해요. 이는 조선 최초의 역법서로서 수도 한양의 위도(가로선)를 중심으로 별들의 운행 원리를 계산한 책이에요. 이로써 중국, 아라비아에 이어 조선은 전 세계 세 번째로 독자적인 달력을 갖게 되었어요.

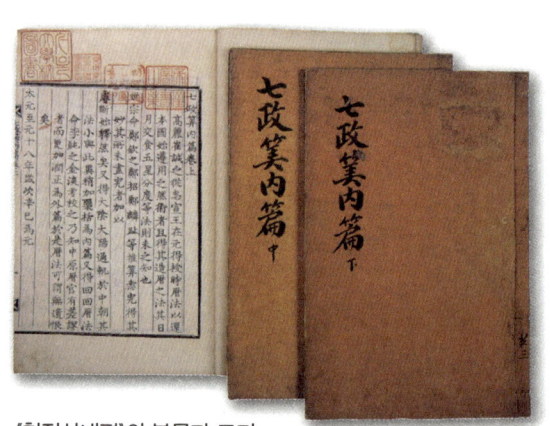

《칠정산내편》의 본문과 표지

조선의 시간을 알아내다

세종 시대의 과학자 하면 누가 제일 먼저 떠오르나요? 대부분 장영실이라고 답할 거예요. 그런데 그전에 과학 혁명의 기초를 다진 인물로 평가되고 있는 또 하나의 뛰어난 위인이 있어요. 바로 정초예요.

정초는 어린 시절 어떤 책이든 한 번 보면 그 자리에서 다 외워 버릴 정도로 똑똑했어요. 단순히 외우는 능력만 있는 게 아니라 그 이론을 응용하여 발전시키는 능력도 탁월했어요.

정초는 세종이 즉위하기 한참 전인 1405년, 과거에 급제하여 벼슬에 올랐어요. 관직에 오르면서 빠르게 진급했으나, 몇 년 뒤 낮은 직급으로 오히려 밀려났어요. 당시 임금이었던 태종에게 백성들의 세금을 부당하게 물리는 악법을 고치자고 직언했던 게 문제였어요. 시간이 흘러 왕위에 오른 세종이 학술 토론을 위한 경연장에서 정초를 찾았어요.

"정초가 안 보이는데 어디에 있는가?"

그러자 한 신하가 나서며 대답했어요.

"정초는 현재 경연에 참석하지 못하는 낮은 관직에 있습니다."

"정초 같은 인재를 그 자리에 두다니……."

세종은 탄식했어요.

"정초가 경연에 빠지면 안 되니 당장 불러오도록 하시오!"

"네, 분부대로 행하겠습니다."

정초를 찾아 내관이 떠나자 남은 신하들은 술렁거렸어요. 임금이 특별히 낮은 관직인 정초에게 신경 쓰는 것이 의아했어요. 그도 그럴 것이 정초는 다른 신하들보다 특출한 것이 없어 보였거든요. 하지만 세종은 일찍감치 정초의 과학에 대한 남다른 애정을 직접 본 적이 있었어요.

어린 시절, 충녕이 아버지 태종에게 저녁 문안 인사를 드리고 돌아오는 길이었어요. 겨울이라 해가 일찍 떨어졌고 궁궐 내에도 오가는 사람이 보이지 않았어요. 서둘러 걷던 충녕의 눈에 궁궐의 뜰 한쪽에서 밤하늘을 올려다보는 한 사내가 들어왔어요. 젊은 정초였어요. 정초는 충녕이 옆에 온 줄도 모르고 손가락으로 뭔가를 셈하며 계속 하늘만 보고 있었지요. 한참을 옆에 서 있어도 알아채지 못하자 참다못한 충녕이 물었어요.

"대체 지금 무얼 하는 것입니까?"

깜짝 놀란 정초는 충녕을 확인하곤 고개를 숙였어요.

"송구스럽습니다."

"무엇을 하고 있었는지 궁금합니다."

충녕이 다시 한 번 묻자 정초는 손을 만지작거리며 말했어요.

"별자리를 확인하고 있었습니다."

그 말에 호기심이 생긴 충녕이 다시 물었어요.

"별자리는 확인해서 무엇에 씁니까?"

"별의 움직임으로 능히 계절을 알아낼 수 있습니다."

"그건 알고 있습니다."

"움직이는 별의 위치를 밤새 확인하며 심심풀이로 시간을 계산해 보고 있었습니다."

"고작 그것 때문에 그리 오랫동안 한자리에서 별의 이동을 확인한단 말입니까?"

충녕의 말에 정초는 고개를 더욱 숙이며 답했어요.

"별의 움직임이 너무나도 느리니 이 방법밖에 없습니다."

세종은 그때부터 정초라는 인물을 머리에 새겨 두었어요. 호기심이 많고 엉뚱한 것이 이후 세종이 하고자 하는 일에 딱 맞는다고 생각했던 거예요.

세종이 왕위에 오른 직후인 1419년 5월, 세종은 정초를 경연에 참석시키면서 동시에 공조참의로 임명했어요. 공조는 조선 초기 새로운 기술 개발을 담당하던 관아였어요. 정초를 그곳으로 보낸 이유는 세종이 오랜 시간 꿈꾸던 '어떤 물건'을 만들어 내기 위한 포석이었어요.

당시 공조에는 조선 제일의 기술자인 장영실이 근무하고 있었어요. 사람 보는 눈이 뛰어났던 세종은 정초의 과학 이론과 장영실의 제작 기술이 만나면 뭔가 큰일이 일어날 거라 직감했어요. 하지만 당시는 출신보다 능력을 높게 평가하고 노비에게 벼슬을 주는 세종의 파격적인 대우를 반대하는 신하들이 팽팽하게 맞선 때였어요.

반면 정초는 출신 배경으로 사람을 차별하지 않았어요. 오히려 장영실의 뛰어난 재능을 세종에게 수시로 보고했지요. 정초는 노비 출신인 장영실에게 세종이 벼슬을 내리려고 하자 적극 찬성했던 인물이에요. 정초의 적극적인 추천으로 장영실에게 벼슬이 내려지고 몇 년 뒤, 두 사람은 세종의 지시를 받아 '어떤 물건'의 제작을 비밀리에 시작해요. 그리고 여러 번의 실패를 거쳐 마침내 1424년 세상이 깜짝 놀랄 만한 물건을 공개하게 돼요. 바로 '물시계'였어요.

당시 조선의 과학기술로 시계를 만든다는 것은 불가능에 가까웠어요. 세종은 정초와 정인지에게 시간에 대한 이론을 익히게 하고, 장영실에게는 명나라에 가서 시계 제작술을 익히게 했어요. 명나라에서는 그 기술을 제대로 알려 주지 않았지만 눈썰미가 빠른 장영실은 혼자 고민하고 연구하며 결국 물시계를 만들어 냈어요. 물시계의 발명이 갖는 가장 중요한 의미는 바로 조선의 시간을 찾아낸 것이에요. 이전에는 명나라에서 만든 기준에 따라 시간을 측정했어요.

앞서 《농사직설》 편찬에 참여했던 정초는 1433년 또 하나의 발명품을 세상에 내놓아요. 바로 천체의 운행과 위치를 추적하는 기구인 혼천의였어요. 정초가 명나라에서 전해 오는 천체 측정 기구의 구조를 정밀하게 조사하여 이론을 세우고, 장영실과 이천이 기술자로 참여하여 제작을 시작했어요. 당시 혼천의는 그 이전의 어떤 기구보다 정교하고 정확했어요. 물레바퀴의 힘으로 움직이는 혼천의는 조선 천문학의 가장 기본을 이루는 기구예요. 일종의 천문 시계로서, 천문 관측과 더불어 달력과 시계를 만드는 표준값을 제공했어요. 이때 만들어진 혼천의는 계속 수리를 해서 사용하다가 명종 때 새로 만들어서 홍문관에 설치됐어요. 그러나 안타깝게도 임진왜란 때 일본인들이 지른 불에 모두 타버렸고, 현존하는 혼천의는 17세기 무렵에 다시 만들어진 거예요.

세종 시대 가장 중요한 과학 발명품을 만드는 데 커다란 공을 세운 정초는 혼천의를 세상에 발표한 다음 해인 1434년 갑작스런 죽음을 맞이했어요. 세종은 정말 안타까웠어요. 그토록 바라던 과학기술의 발전을 이루는 데 정초가 누구보다 중요한 역할을 했기 때문이었어요.

기구를 제작하는 데 천재적인 재능을 발휘하는 장영실이 있었지만, 정초는 그 기구를 만

천문 관측 기기 혼천의
현재 만 원권 지폐에도 실려 있다.

들기 위해 꼭 필요한 이론을 연구하고 해석하는 데 타고난 역할을 담당해 주었어요. 정초에 대한 세종의 애정은 정초가 세상을 떠난 후 직접 쓴 애도의 글에서도 알 수 있어요.

 정초는 일찍이 성현의 학문을 보고 듣고 연구하는 것에 능하였고, 관직에 충실하였으며 발표하는 것마다 뛰어나 결국 많은 것을 이룩하였다.

과학기술을 중시한 세종의 앞에 나타난 이순지와 정초는 조선의 과학기술을 최첨단으로 끌어올렸어요. 그리고 그 중심에는 누구보다도 극적인 사연을 지닌 장영실이 있었어요.

노비 출신의 과학자

세종의 과학기술 창조력을 실행에 옮길 수 있었던 것은 장영실이라는 인재가 있었기에 가능했어요. 그렇지만 장영실의 인생은 그 명성만큼 순탄하지 못했어요. 장영실은 관가에 속한 노비의 신분이었기 때문이에요. 어머니는 경상도 동래현의 관아에서 일하는 기생이었고, 아버지는 손기술이 뛰어난 원나라의 장인 출신이었어요. 오늘날로 치면 다문화 가정에서 장영실이 태어난 거예요. 그 시절에는 흔치 않은 경우였어요.

관청에 속한 기생 출신인 어머니로 인해 장영실은 태어나면서부터 노비라는 신분을 부여받았어요. 조선 시대에는 어머니가 기생이면 그 자식도 노비가 될 수밖에 없었어요. 노비는 인간 이하의 취급을 받았어요. 장영실은 어려운 환경에서 어린 시절을 지냈어요.

장영실은 아버지에게 물려받은 손재주로 관청에 있는 여러 가지 물건을 고치기도 하고, 하천의 치수를 재는 기구를 만들어 지역의 가뭄을 해결하기도 했어요. 장영실의 어머니는 어린 자식이 잘되기만을 바랐어요. 자신의 신분 때문에 자식이 뜻을 펴지 못하는 것 같아 한스러웠어요. 그래서 매일 밤마다 놋그릇에 정화수를 떠 놓고 자식을 위해 기도했어요. 어머니의 마음이 하늘에 닿았는지, 장영실의 재주는 궁에까지 알려져 태종 말기 궁궐에서 기술이 필요한 일을 맡게 되었어요. 주로 철을 단련하거나 무기, 농기구 등을 수리하는 궁중기술자가 된 것이에요.

그 후 세종은 장영실의 이야기를 듣게 되었어요.

"놀라운 손재주로 새로운 것을 아주 잘 만드는 관노가 있습니다. 세상에 없던 물건을 척척 만들어 낸다고 합니다!"

"그렇게 뛰어난 인재가 있단 말이오?"

세종은 장영실을 당장 불렀어요. 그리고 이순지와 정초에게 장영실의 재능을 확인시켰어요.

어떤 기구에 대해 막연히 설명을 하면 장영실은 세종이 원하는 대로 척척 만들어 냈어요.

"허허, 참으로 놀라운 재주로구나!"

　세종은 너털웃음을 지었어요. 세종은 시험에 통과한 장영실을 가까이 두고 싶어 했어요. 어찌나 좋아했던지 노비 신분에도 아랑곳하지 않고 자주 데리고 다녔어요. 때로는 어명을 전달하는 아주 중요한 일도 장영실에게 맡길 정도였어요. 장영실을 스스럼없이 대하는 세종에게 몇몇 신하들은 불편함을 내색하기도 했어요.

　세종은 총애하는 신하인 황희에게 자신의 속마음을 말했어요.

　"장영실은 만드는 재주만 뛰어난 것이 아니오. 머리도 매우 똑똑한 사람이오."

　장영실을 향한 세종의 애정 어린 평가는 《세종실록》에도 자세히 기록되어 있어요.

"행사직인 장영실은 어미가 기생이고 아비가 본래 원나라 사람이었는데, 물건을 만드는 솜씨가 무척 뛰어나므로 나는 그를 아낀다. 자격루는 비록 나의 가르침을 받아 하였지만, 만약 이 사람이 아니었다면 만들어 내지 못했을 것이다."

급기야 세종은 장영실을 노비 신분에서 풀어 주고 *상의원 별좌 자리를 주고자 했어요. 신하들의 반대를 걱정한 세종은 먼저 이조판서 허조와 병조판서 조말생을 불러 의논했어요. 허조는 단호하게 말했어요.

"기생의 자식을 관직에 둘 수 없습니다."

하지만 조말생의 의견은 달랐어요.

"능력이 있으면 신분 상승도 가능합니다."

두 사람은 의견 일치를 하지 못한 채 대립했어요. 세종은 장영실과 함께 일한 정초 등 다른 신하들을 불러 또다시 의견을 물었어요. 정초는 자기 밑에서 성실히 일을 하는 장영실에게 벼슬을 내리는 것을 적극 찬성했어요. 몇몇 신하들도 상의원에 임명해도 된다고 답했어요. 힘을 얻은 세종은 반대한 자들을 설득시켰어요.

"장영실이 아니면 누가 조선의 신문물을 제작할 수 있단 말인가? 경들 중에 그럴 수 있는 자가 있다면 내 기꺼이 직급을 올려 줄 것이니 앞으로

***상의원** 조선 시대 왕과 왕비의 옷을 만들고 궁궐의 금은보화 등 재물 관리와 공급을 하는 관아.

나오거라."

　신하들은 서로 눈치만 봤어요. 평생 책만 읽었지, 간단한 빗자루도 제 손으로 만들어 본 적이 없는 사람들이었어요.

　"아무도 나서지 않으니 장영실에게 벼슬을 내린다는 데 더 이상 반대하는 자가 없는 것으로 알겠다."

　세종은 장영실을 상의원 별좌로 임명했어요. 별좌는 정·종5품 벼슬로 높은 관직이 아니었지만, 당시 노비 출신으로는 상상도 못했던 엄청난 신분 상승을 한 것이었어요.

　과거 신분에서 해방된 장영실은 세종에게 커다란 고마움을 느꼈어요.

　"임금님께서 이런 천한 나에게도 기회를 주셨어. 내게 원하시는 게 있다면 무슨 일이든 해내고 말 거야!"

　그 후 세종은 장영실에게 정말 많은 일을 시켰어요. 세종이 구상한 기구를 만들어 보도록 지시하기도 하고, 명나라의 앞선 문물을 배울 수 있도록 나랏돈으로 유학을 보내기도 했어요. 고된 일정에도 장영실은 언제나 기쁜 마음으로 일했어요. 자신을 신임하는 왕에 대한 믿음이 있었기 때문이에요. 장영실이 본 세종은 왕의 자리에 연연하며 정치 싸움이나 하는 분이 아니었어요. 진심으로 백성을 위해 하나라도 더 베풀고자 하는 성군이었어요.

聖君
성인 성　임금 군

　세종이 만들라고 지시한 기구들은 대부분 백성들의 실생활과 밀접한 것들이었어요. 특히 측우기와 물시계, 혼천의 등은 미래의 날씨나 기후 등을 어느 정도 예측할 수 있어 농민들에게 큰 도움이 되는 기구들이었어요.

실용적인 기구를 만들다

어느 날 왕이 이상한 물건들을 만들고 있다는 소문이 조선 곳곳에 퍼졌어요. 유생들이 모이는 자리마다 이 이야기는 빠지지 않았어요.

"임금님께서 또 해괴한 기구들을 개발하신다네!"

"이번엔 무슨 기구인가?"

"비를 측정한다고 하던데?"

그 말을 들은 한 유생은 탄식을 했어요.

"후유, 학문에 매진해도 모자란 판에 비 오는 것을 재서 대체 어디에다 쓰시려고……."

평생 유교를 공부하며 책만 읽는 유생들은 강우량을 재고 예측하는 일이 백성들에게 얼마나 요긴한 일인지 잘 몰랐어요. 결국 전국 각지에서 유생들의 상소문이 올라오기 시작했어요.

"제왕의 자리는 하늘의 뜻에 따라 나라를 다스리는 것이지 천한 물건들을 만드는 자리가 아니옵니다. 당장 이상한 기구를 만드는 것에 힘쓰는 것을 멈추시는 게 옳을 거라 아뢰옵니다."

기구 제작에 너무 집착하지 말라는 상소문이 끊이지 않자 세종은 신하들에게 다음과 같이 말했어요.

"모두 우리나라에 꼭 필요한 것들이다. 중국 것은 우리 실정과 달라 우리만의 것이 필요하지만 그동안 노력한 사람이 아무도 없었다. 우리가 새로운 것을 만들어 내면 백성들의 앞날에 많은 도움이 될 것이다. 그리고 그게 곧 하늘의 뜻에 따라 나라를 편히 다스리는 것이다."

세종은 이후 올라오는 상소문을 한쪽으로 밀어 두었어요. 유생들은 세종을 이해하지 못했지만, 장영실은 절대적으로 동의하며 결심했어요.

'전하께서 더 이상 비난 받지 않도록 세상에 꼭 필요한 기구를 만들고야 말겠어!'

하지만 아무리 장영실이라도 의욕만으로 복잡한 원리를 지닌 과학 기구를 뚝딱 만들어 낼 수는 없었어요. 어릴 때부터 제대로 교육을 받지 못했기에 특히 천체와 시간 등의 개념에 대한 이론이 많이 부족했어요. 다행히 인재를 가리지 않고 등용한 세종의 선택 덕분에 장영실의 주변에는 부족함을 채워 줄 사람들이 많이 있었어요. 앞서 이순지와 정초뿐만 아니라 정인지, 그리고 양반 출신의 이천도 있었지요. 그들은 모두 이론과 실전으로 무장한 과학자들이었어요.

정초와 힘을 합쳐 천문 기구인 혼천의를 먼저 제작한 데는 이유가 있었어요. 시간을 정확히 측정하기 위해서는 먼저 천문의 움직임을 정확히 알아야 했어요. 지구가 공전하여 태양을 한 바퀴 도는 것이 1년이고, 지구가 스스로 한 바퀴 도는 자전을 하면 하루가 지나는 것을 정확히 측정해야 시계로서의 가치가 있는 거예요. 이러한 지식이 없다면 시계 제작도 불가능해요. 따라서 혼천의 제작을 토대로 본격적으로 정밀한 시계를 만들기 시작했어요.

먼저 해의 그림자로 시간을 알 수 있는 앙부일구를 만들었어요. 1434년, 세종 16년에 완성된 앙부일구는 평면이 아닌 세계 최초의 반구 형태로 제작된 해시계였어요.

처음 앙구일부를 보러 간 세종은 천천히 다가가 어루만졌어요. 당시로서는 놀랄 만큼 정교한 시계였지만 세종의 표정은 어두웠어요. 세종은 장영실과 이천을 돌아보았어요.

"이 시계는 정확하지만 치명적인 단점이 있다. 반쪽짜리 시계다!"

세종은 무엇을 지적한 걸까요? 바로 흐린 날이나 눈과 비가 오는 날에는 사용할 수 없다는 점을 지적한 거예요. 해가 뜨지 않으면 시간을 전혀 알 수 없는 시계라는 거지요. 물론 앙구일부의 문제가 아니라 해시계라는 기구 자체의 문제였어요.

"해시계의 단점을 보완할 수는 없겠는가?"

세종의 물음에 장영실이 답했어요.

"물시계밖에 없사옵니다. 지금 좀 더 정교한 물시계도 제작하고 있습니다만, 이 역시 가까이 가서 시간을 확인해야 하는 단점이 있습니다."

"흠……."

말없이 한참을 생각하던 세종에게 좋은 생각이 떠올랐어요.

"물은 흐르지 않는가?"

"네."

장영실이 어리둥절하며 답했어요.

"물이 위에서 아래로 흐르는 원리를 이용해 작동되는 물시계를 만들면 어떻겠는가?"

"흐르는 물시계 말입니까?"

"그렇다. 물의 흐름으로 시간을 알려 주는 장치인 것이다. 지금까지의 물시계와는 다른 방향으로 접근해 보는 것이 어떻겠는가?"

세종의 말에 장영실의 머릿속에는 어떤 그림이 떠오르기 시작했어요. 장영실은 급히 작업실로 돌아가 물시계를 다시 만들기 시작했어요.

그리고 자격루가 탄생했어요. 자격루는 얼핏 생각하면 간단한 것 같지만 사실 정밀한 작업이 요구됐어요. 수압과 온도, 기구의 크기까지 세밀하게 확인해야 했기 때문이에요. 세종은 자격루를 자세히 살펴보며 크게 기뻐했어요.

"원나라의 순제 때에 만들어진 시계보다 낫구나."

다른 나라에 의지하지 않고 조선에서 꼭 필요한 시계를 자체적으로 만들어 냈다는 데에 큰 의의가 있었어요.

몇 년 후, 장영실은 자격루의 단점을 보완해 옥루를 만들어 경복궁 내에 설치했어요. 옥루는 자동 물시계예요. 지금의 로봇과도 같은 작동 원리를 지닌 놀라운 시계였어요. 옥루는 매 시간을 표시하는 동물 인형이 등장하여 자동적으로 북을 쳐서 시간을 알려 주는 기능이 있었어요. 지금이

　야 장난감쯤에 흔히 들어가는 소소한 기능이지만, 거의 600년 전 조선에서는 뒤로 자빠질 정도로 놀라운 기술이었어요.
　장영실은 상의원 별좌에서 정4품 관직까지 올라갔어요. 파격적 승진에는 자격루를 만든 공로가 인정되었기 때문이에요. 물론 천민이라도 국가에 공을 세우면 신분을 상승시켜야 한다고 생각했던 세종 덕분이었지요. 세종은 장영실을 가까이 두고 언제든 만나 의논하고 싶어 했어요.

이후에도 백성들의 생업과 직결된 농업의 생산성 향상을 위해 끊임없이 관심을 기울이던 세종은 가뭄과 하천의 범람이 계속되자 강수량을 체계적으로 측정하고 관리할 수 있는 기구가 필요하다는 생각을 했어요. 장영실을 부른 세종은 자신의 생각을 이야기했어요.

"비의 양을 재기 위해 땅을 파서 젖은 깊이만큼 비가 왔다고 추측하는 건 너무나 부정확한 방법이다. 빗물의 양을 정확히 측정할 수 있는 기구가 지금 우리 백성들에게는 필요하다."

세종의 명을 받은 장영실은 비가 오는 날이면 밖으로 나가 비를 맞으며 하늘을 바라보았어요.

'빗물의 양을 정확히 측정할 수 있는 방법이라······.'

뭔가 잡힐 듯한데 딱히 좋은 생각이 떠오르지 않았어요.

그날도 장영실은 대궐의 처마 아래에 서서 비가 내리는 것을 바라보았어요. 조금 떨어진 곳을 지나던 세종이 장영실을 보며 말했어요.

"아직도 고민하고 있나 보구나."

세종은 따르던 신하들을 두고 장영실이 있는 처마 밑으로 건너갔어요. 생각에 잠겨 있던 장영실은 깜짝 놀라 허리를 숙였어요. 세종은 미소 지으며 장영실 옆에 섰어요. 두 사람은 말없이 비가 오는 하늘을 함께 바라보았어요. 정적 속에서 비가 떨어지는 소리만 크게 들렸어요. 잠시 후 하늘이 개더니 비가 그쳤어요. 처마 끝으로 굵은 빗방울이 땅으로 뚝뚝 떨어졌어요. 빗방울은 잠시 땅에 머물다 이내 땅속으로 스며들어 사라졌어요. 그

것을 보며 세종은 혼잣말을 했어요.

"저렇게 빗물이 바로 사라져 버리니 정확히 잴 수 없는 게지."

세종의 말에 장영실은 중얼거렸어요.

"그런데 땅에 떨어지는 빗물을 사라지지 않게 담을 수 있다면……."

순간, 장영실의 기억 속에서 어머니가 장독대 위의 놋그릇에 물을 담아 두고 기도하던 모습이 떠올랐어요. 물은 다음 날에도 줄어들지 않고 그대로였어요.

"아!"

여기까지 생각한 장영실은 세종을 뒤로한 채 대장간으로 곧장 달려갔어요. 세종에게 인사할 틈도 없었어요. 장영실은 철을 뜨거운 불에 녹이고 두드려 기다란 모양의 통을 만들었어요.

"빗물을 쇠로 만든 그릇에 담아 두면 그대로 보존이 될 거야!"

어느 정도 쇠가 굳자 장영실은 통 안쪽에 눈금을 새겼어요. 하늘에서 빗물이 떨어지는 대로 그 통에 담기면 눈금으로 강우량을 확인할 수 있게 했어요. 그 후 세종과 함께 검토를 하며 여러 번의 수정 보완을 거쳤고, 통을 올려 둘 수 있는 사각형 모양의 좌대까지 만들어

세계 최초의 우량계 측우기
각 지방 곳곳에 설치해 강우량을 측정했다.

1441년 세상에 내놓았어요. 세계 최초로 강우량을 측정할 수 있는 관측 장비인 측우기가 탄생한 순간이에요. 서양보다 무려 200년이나 앞선 일이에요. 측우기의 발명으로 비의 양을 미리 파악할 수 있어 농업의 생산성 향상은 물론 홍수 예방에도 큰 도움이 되었어요.

이처럼 세종의 시대에는 세계사에서 유례없는 과학의 중흥기를 맞이했어요. 과학기술 발달에 끊임없이 관심을 기울인 세종의 놀라운 창조력이 없었다면 불가능했을 거예요. 또한 이순지, 정초, 이천, 장영실 같은 출신과 배경이 각각 다른 훌륭한 인재들을 알맞은 자리에 배치한 세종의 탁월한 안목도 빼놓을 수 없어요.

조선의 시계 앙부일구와 자격루

앙부일구는 '하늘을 바라보는 가마솥 해시계'라는 뜻이에요. 공을 반으로 자른 듯한 오목한 모양인데 해가 움직일 때마다 막대의 그림자가 생겨 시간을 예측할 수 있어요. 평평한 해시계의 단점을 해결한 거예요. 안쪽의 시계판에는 절기선이 가로로 13줄, 시각선이 세로로 7줄이 그어져 있어요. 절기마다 태양의 고도가 달라지므로 절기선에 비치는 그림자 길이로 24절기와 시간을 알 수 있었어요. 세종은 백성들이 모두 시간을 확인할 수 있도록 궁궐 앞과 공공기관, 사람들이 많이 오가는 골목에 널리 보급했어요.

자격루는 물의 증가량 또는 감소량으로 시간을 측정하는 물시계예요. 큰 항아리에서 흘러내린 물이 다음 크기의 항아리에 들어가면 잣대가 떠오르면서 생긴 부력으로 지렛대에 있던 쇠구슬이 떨어지고 동판 한쪽을 치게 돼요. 그럼 동력이 전해져 나무로 된 인형 3구가 종, 북, 징 등을 쳐서 시간을 알리는 원리예요. 인형 둘레에는 12지신을 배치하여 1시부터 12시까지 시간을 알리도록 설계했어요.

물시계 자격루
현재 남아 있는 자격루의 일부는 중종 때에 다시 제작된 것이다.

해시계 앙부일구
현재는 조선 후기 현종, 영조 때에 만든 것만 전해진다.

- 훈민정음 창제에 반대한 사대부
- 새 글자를 만들고자 한 이유
- 새로운 가치 창조를 향한 꿈
- 한글 창제, 그 이후

글자 창제라는 놀라운 가치 창출

백성을 위해 한글을 만들다 6

세계의 언어학자들은 한글이 가장 과학적인 문자라며 높이 평가해요. 그러나 세종이 한글을 창제하고 반포한 것은 결코 쉬운 일이 아니었어요. 당시 양반들은 명나라를 숭상하는 사대주의에 빠져 있어서 한자 외에 다른 문자를 받아들이지 않았거든요. 그래서 세종은 한글 연구를 극비리에 할 수밖에 없었답니다. 지금부터 한글 창제에 얽힌 숨겨진 이야기 속으로 들어가 볼까요?

훈민정음 창제에 반대한 사대부

"경들은 어째서 과인이 하는 일이 틀리다고만 하는가?"

세종의 말에 최만리가 앞장서 대답했어요.

"설총이 정리한 이두가 있는데, 굳이 새로운 글자를 만들 필요가 없지 않겠습니까?"

세종이 다시 물었어요.

"설총이 정리한 이두만으로 충분히 뜻을 표현할 수 있단 말인가? 그게 정녕 경들의 생각인가?"

"외람되오나 그러하옵니다!"

최만리와 여섯 신하들은 일제히 고개를 숙이며 외쳤어요. 집현전에는 당시 열두 학사가 있었는데 그중 일곱 학사나 반대하며 나선 것이었어요. 지엄한 왕 앞이었지만 그들은 주장을 굽히지 않았어요. 그들은 훈민정음의 반포를 지금 막지 않으면 새로운 글자가 조선 천지에 퍼질 것이고, 그것은 명나라의 비위를 거스르는 크나큰 실수가 될 것이라 믿었어요.

누구 하나 숨소리도 낼 수 없을 만큼 편전 안의 공기가 무거웠어요. 반대파 수장인 최만리는 당시 집현전 부제학이라는 높은 직책을 맡고 있었지요. 세종 앞에는 그들이 올린 상소문이 있었어요. 상소문에는 임금이 새로운 문자를 만들어 백성들에게 보급해서는 절대로 안 된다는 내용이 들어 있었어요. 상소문을 모두 읽은 세종이 반대 의견을 낸 신하들을 편

전으로 부른 것이에요.

　세종은 사대주의에 깊이 물든 유학자들과 일부 신하들이 새로운 글자를 만드는 일에 대해 불같이 반대할 것을 이미 예상하고 있었어요. 설사 왕이라도 그들을 쉽게 꺾을 수 없다는 것을 잘 알았지요. 그동안 세종은 자신의 뜻을 알아주는 몇몇 신하들만 데리고 비밀리에 글 만드는 작업을 해 왔어요. 최만리 등이 훈민정음의 반포에 반대하는 상소문을 올리기 아주 오래전부터 계획을 세워 치밀하게 준비했던 거예요.

　1436년, 마흔이 된 세종은 새로운 문자, 즉 훈민정음을 만들 결심을 하고 조정의 구조를 개편했어요. 글 만드는 일에 몰두하기 위해서였지요. 맨 먼저 육조의 업무를 왕이 직접 챙기는 육조 직계제에서 의정부 서사제로 바꾸었어요. 왕이 처리해야 할 업무를 한결 줄이는 조치였어요.

갑작스럽긴 했으나 신하들은 별다른 의심 없이 받아들였어요. 사실 신하들도 의정부 서사제를 원했기 때문이에요. 정작 신하들이 놀란 것은 세종이 조정 업무에 대한 결재권을 세자 문종에게 넘겨 준 것이었어요. 신하들은 그 결정을 강하게 반대했어요. 엄연히 왕이 있는데도 당시 23세의 젊은 세자에게 나랏일을 모두 맡겼으니까요.

하지만 세종은 자신의 뜻을 굽히지 않았어요. 세종은 자신의 의도를 의심하는 신하들에게 말했어요.

"과인이 점점 늙어 가고 건강이 좋지 않으니 조정의 일을 세자에게 맡기는 것이오."

신하들은 측은한 표정으로 이유를 설명하는 세종의 뜻을 더 이상 꺾을 수 없었어요.

그런데 세종이 정말 아파서 업무를 줄였던 걸까요? 아니면 왕으로서 마땅히 해야 할 일에 싫증이 나서였을까요? 아니에요. 세종은 가벼운 병은 표 내지 않던 왕이었어요. 그리고 누구보다 자신의 일에 충실한 왕이었어요. 세자에게 나랏일의 결재권을 넘긴 것은 다만 새로운 문자를 고안하는 데에 자신의 온 힘을 집중하고자 했던 것이었어요. 세종은 배우기 쉽고 사용하기 쉬운 글을 백성에게 가르쳐 주겠다는 높고 큰 뜻을 이루기 위해 자신의 권력까지 내려놓았어요.

세종은 먼저 세계 여러 나라의 문자를 살폈어요. 믿을 만한 신하들을 명나라와 일본으로 보내 그 나라의 언어에 관련된 책을 모두 구해 오도록 지시했어요. 세종은 가져온 책들을 면밀히 살핀 후에 집현전의 일부 학사들에게 분석하게 했어요. 세종은 이 일을 철저히 비밀리에 했어요. 그렇기 때문에 훈민정음이 어떤 과정을 통해 만들어졌는지에 관련된 정확한 기록이 드물어요. 그래서 한동안 세종이 창살을 보고 글자 모양을 떠올렸다는 터무니없는 이야기가 사실인 것처럼 알려지기도 했어요. 훈민정음은 사람의 발음 기관을 본떠 만들었다는 설이 가장 설득력이 있어요.

세종이 본격적으로 언어와 문자에 대해 공부하고 있을 때였어요. 셋째 아들 안평대군과 둘째 딸 정의공주가 문안을 하러 오자 세종은 책 한 권을 내밀며 소리 내어 읽어 보라고 했어요. 둘은 고개를 갸우뚱하며 글을 읽었어요. 읽기를 마치자 세종이 물었어요.

"말소리가 몸 어디에서 나오는 것 같으냐?"

시문과 글씨에 뛰어난 안평대군이 먼저 대답했어요.

"먼저 배가 울린 뒤에 목이 떨리며 나온 소리가 입 안에서 머물러 있다가 입 밖으로 나오는 것 같습니다."

세종이 다시 물었어요.

"그렇다면 소리는 어떻게 만들어지는 것 같으냐?"

이번에는 정의공주가 대답했어요.

"소리마다 다른 것 같습니다. 어떤 소리는 목구멍 안에서 나오는 것 같고, 어떤 소리는 혀끝이나 입술, 이 사이에서 나오는 것 같습니다."

세종은 고개를 끄덕였어요. 그리고 학자들과 연구한 끝에, 각각의 소리는 모두 다르지만 소리가 나오는 원리는 비슷하다는 것을 깨달았어요. 그리고 앞혓바닥소리, 뒤혓바닥소리, 입술소리, 잇소리, 목구멍소리로 나뉜다는 사실을 알았어요.

세종은 *화원을 불러 사람의 입 모양을 그리게 하고, 의원을 불러 소리가 나는 기관의 모양을 조언 받았어요. 그렇게 오랜 시간 연구하여 자음(닿소리)을 만들었어요. 소리가 나는 다섯 가지 경우의 발성 원리가 바탕이 된 상형문자였어요. 그리고 그 글자들에 획을 더해 더 많은 자음을 만들었지요. 같은 자음을 겹쳐 씀으로써 쌍자음을 만들기도 했어요. 자음은 소리가 나는 위치와 방법에 따라 만들어졌어요. 《훈민정음해례》를 보면 다음과 같이 자음이 나는 원리가 잘 설명되어 있어요.

"초성과 중성을 이루는 자음에서 어금닛소리 기역은 혀뿌리가 목구멍을 막는 꼴을 본뜨고, 혓소리 니은은 혀가 윗잇몸에 붙는 꼴을 본뜨고, 입술소리 미음은 입 모양을 본뜨고, 잇소리 시옷은 이의 모양을 본뜨고, 목소리 이응은 목의 모양을 본떠 자음 17개를 만들어 내고, 또 쌍자음 6개를 만들어 낸 것이다."

---

*화원 도화서(그림에 관한 사무를 관장한 관청)에 소속된 궁궐 화가.

ㄱ	ㄴ	ㅁ	ㅅ	ㅇ
혀뿌리가 목구멍을 막는 형상	혀끝이 윗잇몸에 닿는 형상	입의 형상	이의 형상	목구멍의 형상

자음			
어금닛소리	ㄱ ➡ ㅋ	잇소리	ㅅ ➡ ㅈ ➡ ㅊ
혓소리	ㄴ ➡ ㄷ ➡ ㅌ	목구멍소리	ㅇ ➡ ㅎ
입술소리	ㅁ ➡ ㅂ ➡ ㅍ	같은 자를 겹쳐 쓴 자음	ㄲ, ㄸ, ㅃ, ㅆ, ㅎㅎ

  자음과 한 몸을 이루는 모음(홀소리)은 어떻게 만들었을까요? 세종은 혼자 결정하기보다는 집현전의 젊은 학사들과 함께 고민했어요. 이때 대표적인 인물이 성삼문과 신숙주예요. 성삼문은 과거시험에서 장원한 똑똑한 인재였고, 신숙주는 언어의 천재라는 평을 듣는 사람이었어요.

  세종은 성삼문과 신숙주에게 발성 기관을 본떠 만든 자음을 설명했어요. 두 사람은 세종이 이룬 결과를 보고 무척 놀랐어요. 세종은 아직 부족한 부분이 많다며 말을 이어 갔어요.

  "보다시피 자음만으로는 말소리가 되지 않고, 자음을 이어 주는 문자가 필요하다."

  즉 모음이 필요하다는 뜻이었어요. 두 신하는 골똘히 생각하다가 말했어요.

  "자음과 자음을 이어 주는 문자에는 세상의 원리와 음양, 오행의 조화를 담아 보는 게 어떠하신지요?"

  세종은 성삼문과 신숙주의 말에서 영감을 얻었어요. 곧 세종은 하늘과 땅, 그 사이에 있는 사람을 본떠 글자를 만들었어요. 그것이 바로 모음의

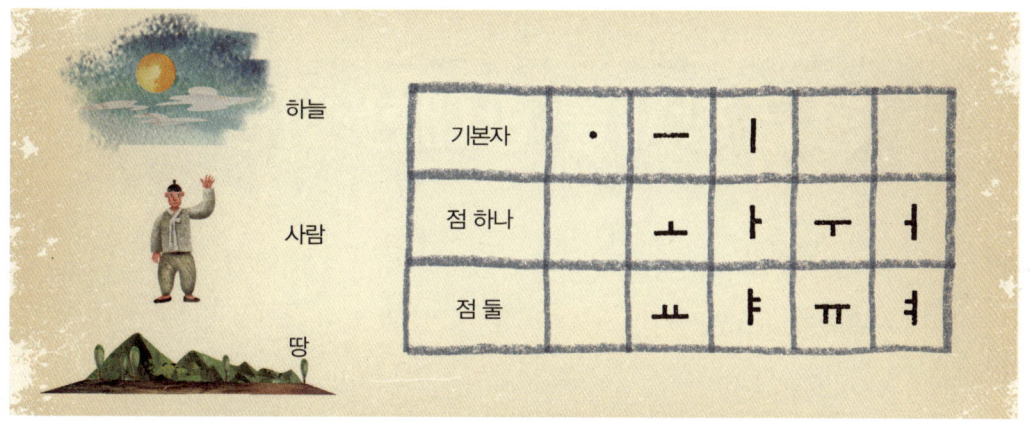

　기본 글자인 ·(천天), ㅡ(지地), ㅣ(인人)이에요. 모음은 이 세 가지 기본 글자를 확장시켜 만든 거예요.

　자음과 모음을 합치자 세상의 모든 소리를 글자로 표현할 수 있게 되었어요. 세상에 없던 놀라운 문자가 탄생하는 순간이었어요.

　세종과 집현전 학사들은 놀라운 일을 해냈음에도 기쁘지만은 않았어요. 그들은 새로운 글자를 반대하는 세력들을 걱정했어요. 사대주의에 물든 신하들의 반발과 명나라의 태도가 두려웠어요. 훈민정음의 사용법을 알려 주는 《훈민정음해례》까지 만들어 두었으나 이를 세상에 널리 알리는 일은 차일피일 미루었어요.

　'어느 시점에 훈민정음을 반포하면 좋단 말인가?'

　세종은 매일같이 고민했어요. 이를 가까이에서 지켜보는 집현전 학사들도 가슴이 타 들어갔지요. 세종은 처음 문자를 만들기로 결심했던 순간을 떠올렸어요.

🇰🇷 밀착 인터뷰 🇰🇷

한글 창제를 반대한 최만리

사대주의란 무엇인가요?

사대주의는 한자로 '事(일 사), 大(큰 대), 主(주인 주), 義(옳을 의)'를 사용하여 주체성 없이 세력이 큰 나라나 강한 자에게 복종하며 섬기는 것을 뜻해요.

그렇다면 조선의 양반들을 사대부라고 한 이유가 무엇인가요?

사대부의 사(士)는 사대주의의 사(事)와 다른 뜻으로, 학사를 의미해요. 즉 사대부는 학자 출신의 관리라는 뜻으로, 고려 말부터 과거를 통해 중앙 정계에 진출한 관료들을 가리켜요. 이들은 조선 건국의 주축 세력으로 조선의 지배 계급을 차지했어요.

사대부들이 한글 창제를 반대한 이유가 있다던데요?

사대부들은 우주의 질서를 탐구하는 성리학을 공부하며 글을 읽고 쓸 수 있는 자신들만이 나라를 이끌어 가면 된다고 생각했어요. 일반 백성들은 일만 하면 되니 굳이 글을 알 필요가 없다고 생각한 것이지요. 읽고 쓰기 쉬운 문자 한글로 인해 백성들이 글을 알게 되면 사대부의 기반이 무너지지나 않을까 걱정했던 거예요.

새 글자를 만들고자 한 이유

세종이 왕위에 오르고 10년이 지난 1428년이었어요. 진주에 사는 김화라는 사람이 자신의 아버지를 살해하는 끔찍한 사건이 일어났어요. 조선은 충과 더불어 효를 반드시 지켜야 할 덕목으로 가르치는 유교의 나라였어요. 절대 일어나지 말아야 할 사건이 조선에서 터진 거예요.

세종은 백성들이 유교를 제대로 배우지 못했기 때문이라고 생각했어요. 백성들이 유교를 깨닫는다면 이런 끔찍한 일은 일어나지 않을 것이라 생각했어요. 세종은 범죄를 저지른 백성을 처벌하는 데에 급급하지 않고 근본적인 원인을 찾아 고쳐야겠다고 생각했어요. 세종은 바로 실행에 옮겼어요. 서둘러서 충신과 효자의 실화를 담은 《삼강행실도》를 만들어 널리 배포했어요. 그런데 예상치 못한 데서 문제가 생겼어요. 백성들 대부분이 글을 읽지 못하니 《삼강행실도》를 널리 배포해도 소용이 없었던 거예요. 세종은 크게 탄식했어요.

"좋은 내용을 담은 책이 있더라도 읽지 못하면 쓸모없는 것 아닌가?"

당시 조선에서 사용하던 한자는 일반 백성들이 배우기엔 너무 어려운 글자였지요. 더군다나 한자를 모르는 백성들이 감옥에서 억울하게 죽기도 했어요. 일부 수령이 저지르지도 않은 죄를 글로 기록해 그 죗값을 잡혀 온 백성에게 떠넘긴다는 것이었어요. 백성들은 글을 모르니 자기 죄가 어떻게 기록이 되는지도 모른 채 *수결해야 했어요.

---

*수결 자기 이름이나 직함 밑에 도장 대신 자필로 직접 쓰던 일. 오늘날의 사인.

그러니 백성들에게 가장 필요한 것은 그들이 쉽게 읽고 쓸 수 있는 문자였어요. 그때부터 세종은 아무도 모르게 백성을 위한 새로운 글자를 만들 꿈을 키워 나갔던 거예요. 이런 세종의 마음은 《훈민정음》 서문에 잘 나타나 있어요.

"나랏말이 중국과 달라 한자와 서로 통하지 아니하므로, 우매한 백성들이 말하고 싶은 것이 있어도 마침내 제 뜻을 잘 표현하지 못하는 사람이 많다. 내 이를 딱하게 여기어 새로 28자를 만들었으니, 사람들로 하여금 쉬 익히어 날마다 쓰는 데 편하게 할 뿐이다."

'더 이상 미룰 수 없어!'

세종은 이른 새벽부터 훈민정음을 함께 만든 집현전의 학사들을 서둘러 불러들였어요.

"드디어 때가 왔다."

세종이 엄숙하게 말했어요. 학사들은 예상했다는 듯 입술을 굳게 다물었어요. 반대편에 있는 신하들이 극심하게 반발할 것은 불을 보듯 뻔했어요.

하지만 그날 이후 세종과 학사들은 훈민정음을 반포할 준비를 서둘렀어요. 그러던 중 오랜 세월을 지켜 오던 비밀이 새어 나갔어요. 모든 신하들이 세종이 무슨 일을 하려고 하는지 알게 되었고, 반대파들이 들고 일어났어요. 반대파의 맨 앞에는 최만리가 섰어요. 사대부들은 양반들을 앞세

훈민정음과 한글

훈민정음은 한자로 '訓(가르칠 훈), 民(백성 민), 正(바를 정), 音(소리 음)'을 써요. 즉 '백성을 가르치는 바른 소리'라는 뜻을 담고 있어요. 훈민정음은 창제를 반대하던 유학자들로부터 언문, 반절이라고 불리기도 했어요. 그러다가 1910년경 주시경을 중심으로 한 국어학자들이 '하나밖에 없는 글', '으뜸가는 글'이라는 뜻의 한글이라는 이름을 사용하기 시작했어요.

1446년(세종 28년)에 훈민정음 28자가 세상에 반포됐다.

워 매일같이 상소를 올리며 세종을 궁지에 몰아넣었어요.

　세종은 오래전부터 대비해 왔으므로 크게 당황하지 않았어요. 자신이 만든 문자에 대한 자부심과 백성을 향한 사랑으로 두려움을 이겨 냈고, 오히려 반대 세력들을 설득하고자 했어요. 그래서 상소문을 올리며 반대했던 최만리와 여섯 명의 학사들을 편전으로 부른 것이었어요.

새로운 가치 창조를 향한 꿈

　편전에서 세종과 최만리, 그리고 여섯 신하들은 계속 말없이 대치하고 있었어요. 세종은 자리에서 일어나 그들에게 다가갔어요. 최만리 앞에 선 세종이 다시 물었어요.

　"경은 설총이 정리한 이두가 그리 좋단 말인가? 그래서 백성들이 쉽게 배우고 쓸 수 있는 새 글자를 반대하는 것인가?"

　최만리는 물러서지 않고 큰 소리로 말했어요.

　"전하! 이미 이두로 문자를 알게 된 사람이 많은데 새로운 문자는 혼란만 더할 뿐입니다. *언문은 너무 쉬워서 오히려 학문에도 방해가 될 것입니다."

　가만히 듣고 있던 세종이 결정적 한 마디를 던졌어요.

---

*언문 상말을 적는 문자라는 뜻으로, 한글을 속되게 이르던 말.

"경이 과인보다 언어에 대한 지식이 많은가?"

최만리는 꿀 먹은 벙어리가 될 수밖에 없었어요. 새로운 글자를 연구하는 과정에서 세종은 여러 나라의 언어와 문자에 대한 책을 무수히 연구하고 분석했어요. 세종은 이미 그 누구보다 뛰어난 전문가가 되어 있었어요.

"경이 걱정하는 일은 생기지 않을 것이다."

고개를 깊이 숙인 최만리를 뒤로하고, 이번에는 김문에게 다가갔어요. 그는 한때 새로운 글자를 만드는 일을 찬성하던 사람이었어요. 세종이 물었어요.

"예전에 경은 과인에게 새로운 글을 만드는 것이 필요하다고 했는데, 이제 와서 말을 바꾸는 까닭이 무엇인가?"

세종은 입장을 달리한 김문에게 서운할 수밖에 없었어요. 김문은 정곡을 찌르는 말에 반박하지 못하고 마른 침만 꿀꺽 삼켰어요. 이번에는 정창손 앞에 다가섰어요.

"그래, 경이 반대하는 이유도 말해 보거라."

정창손은 작심한 듯 입을 열었어요.

"전하의 말을 받들어 《삼강행실도》를 만들어 배포했지만 효자나 열녀가 많이 나오지 않았습니다. 쉬운 글자가 새로 만들어진다 한들 별다른 효과는 없을 것입니다. 백성들이 억울한 옥살이를 하는 것도 글을 몰라서가 아니라고 생각됩니다. 차라리 좋은 간수를 더 많이 뽑는 것이 훨씬 현명한 방법인 줄로 아룁니다."

조선의 도덕책 《삼강행실도》

1434년 설순, 직제학 등이 임금과 신하, 부모와 자식, 남편과 아내 사이(삼강)에 모범이 되는 충신, 효자, 열녀의 행실을 모아 만든 3권짜리 책이에요. 《삼강행실도》는 글을 읽을 줄 몰라도 내용을 알 수 있도록 매 편마다 친절히 그림을 넣었어요. 그림에는 안견, 최경 등 당시의 유명한 화원들이 참여했어요. 백성들의 윤리 의식 향상을 위해 처음 발행된 책으로, 현대에 와서는 당시의 도덕이나 가치관을 연구하는 데 귀중한 자료가 되고 있어요. 이후 성종 때에 한글로 풀이한 언해본이 간행되었어요.

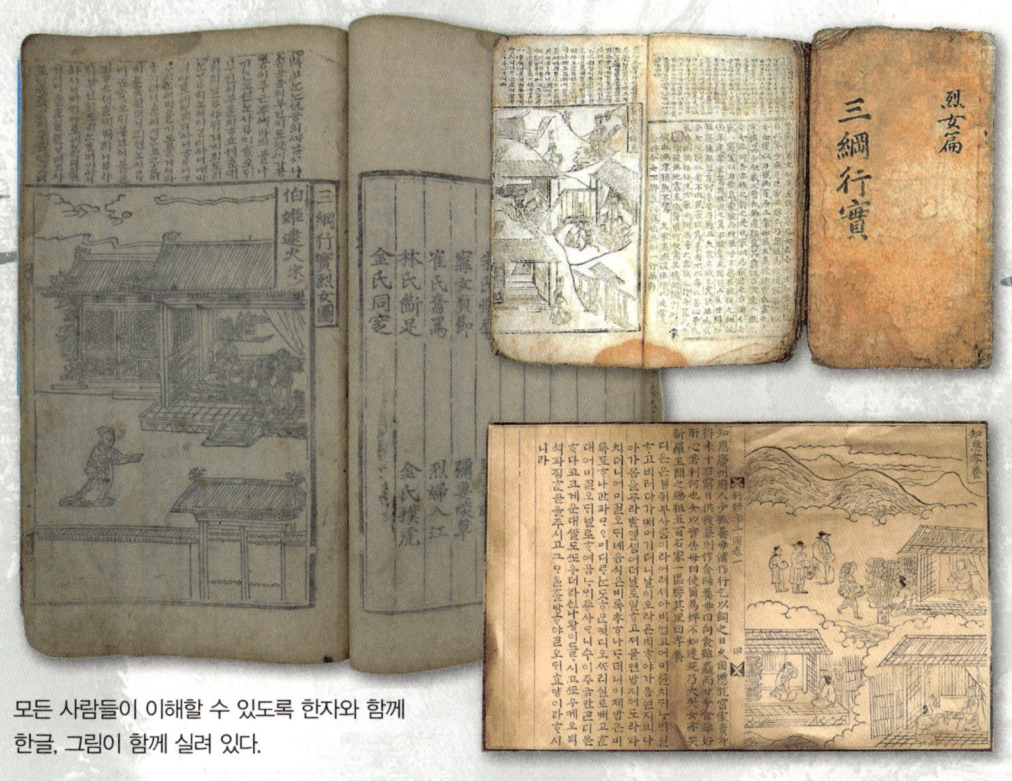

모든 사람들이 이해할 수 있도록 한자와 함께 한글, 그림이 함께 실려 있다.

세종은 정창손의 말을 듣고 불같이 노했어요. 평소 신하의 의견을 경청하던 것과는 아주 다른 모습이었어요.

"그것이 어찌 선비의 이치에 맞는 말이겠는가? 글을 읽지 못하는 백성이 많아 《삼강행실도》를 제대로 보는 사람이 없는 것 아니었더냐? 속된 선비 같으니!"

세종은 공부의 근본을 무시하고 논하는 학사들의 태도에 실망했어요. 세종은 일곱 학사들을 한 명 한 명 보며 엄숙하게 말했어요.

"과인이 경들을 부른 것은 죄를 추궁하기 위해서가 아니라, 반대 상소 안에 몇 가지 내용을 물어보기 위함이니라. 그런데 사리 분별이 없는 답을 하고 있으니, 그 죄를 묻지 않을 수 없다!"

세종은 정창손을 파직시키고, 말을 바꾼 김문을 곤장형에 처했어요. 최만리와 다른 학사들은 하루 동안 하옥시켰어요. 감옥 안에서 반성하라는 의미였어요.

그날의 숨 막힌 상황은 결국 마무리됐어요. 어설프게 반대한 집현전의 일부 학사들과 언어학에 통달한 세종의 대치는 애초에 싸움이 될 수 없었던 거지요. 또한 훈민정음을 반드시 널리 퍼뜨리겠다는 세종의 강한 의지를 꺾을 수도 없었어요.

신하들의 반대가 잠잠해지고 나서 세종은 훈민정음으로 《용비어천가》를 짓는 등 문자의 사용에 문제점이 없는지 이리저리 살펴보았어요. 여러 번의 시험을 거친 후에 세종은 확신을 얻었어요. 그리고 1446년, 세종은 온

나라에 우리의 고유 문자가 창제되었음을 알렸어요. 세종이 훈민정음을 만든 것은 진실로 백성을 아끼고 사랑하는 마음이 바탕에 있었기 때문이에요.

'백성이 나라의 근본이다!'

세종은 항상 이 말을 되새기며 백성들을 마음속에 담아 두고 있었어요. 이번 일도 순전히 글을 몰라 무지하여 억울한 백성들을 도와주려는 마음에서 시작한 거였어요. 이런 백성에 대한 집념 어린 사랑이 양반들의 사대주의와 명나라의 압력을 이겨 내고 훈민정음이라는 새로운 가치를 창조하는 원동력이 되었어요.

《세종실록》에 다음과 같은 말이 기록되어 있어요.

"무슨 일이든 전력을 다해 다스린다면 이루어지지 않는 것이 없다."

세종이 전심전력을 다해 이룬 결과물이 바로 자손만대에 길이 남을 자랑스러운 우리 문자, 한글이에요.

한글 창제, 그 이후

갖은 수고 끝에 한글을 만들었지만 백성들이 실제로 사용하는 과정이 순탄치만은 않았어요. 당시 나랏일을 하는 관리들이 백성들에게 훈민정음을 보급하기 위해 노력해야 하는데 제대로 하는 관리가 별로 없었어요. 관리들이 모두 한문을 익힌 사람들이었으니 본인들은 읽고 쓰며 의사소통하는 데 전혀 지장이 없었거든요. 굳이 훈민정음을 배울 생각도 없었고, 오히려 일반 백성들은 글을 몰라도 된다고 생각했어요.

한글 창제를 반대한 이들은 훈민정음을 언문이라고 부르며 무시하기도 했어요. 언문은 훈민정음을 속되게 부르던 호칭으로, 한문보다 낮추어 본 데서 비롯된 말이에요. 지방의 한 관리는 훈민정음을 보급하라는 명령서를 한쪽으로 밀치며 이렇게 중얼거렸어요.

"이런 언문으로 무엇을 배운단 말인가? 유교와 성리학을 배우고 옛사람들의 훌륭한 글을 보려면 한문을 익히는 게 마땅하거늘. 임금님이 쓸데없는 일을 하셨구나!"

당시 사대주의에 물들어 있던 관리나 양반들의 반응은 이토록 차가웠어요. 최만리 등 반대파는 훈민정음이 실생활에서 쓰이지 못하자 의기양양했어요.

"고작 몇 글자의 언문으로 세상에서 떳떳하게 자리를 차지하고 관직에 오를 수 있다면 누가 힘들게 성리학을 배우겠는가?"

곳곳에서 들려오는 이야기에 세종은 크게 실망했어요. 훈민정음 개발에 함께 참여한 신숙주 등 집현전 학사들의 한숨도 점점 커져 갔지요.

세종은 새로운 전략을 세우기로 결심했어요. 집현전 학사들을 불러 그들의 의견을 물었어요.

"백성들까지 한글을 널리 알리려면 책으로 공부하는 유생들에게 그 우수성을 인정받는 게 가장 빠를 것 같은데, 어떻게 해야 이 문자가 우수하다는 것을 알릴 수 있겠는가?"

"글의 뜻을 알기 위해서는 그 문자의 발음을 우선 아는 것이 중요합니다. 한자어 옆에 훈민정음으로 발음 표시를 하는 것이 어떻겠습니까?"

신숙주의 말에 세종은 박수를 쳤어요.

"좋은 생각이다. 훈민정음은 모든 소리를 표시할 수 있는 문자이니 한자어를 훈민정음으로 발음해서 읽을 수 있게 하면 유생들이 우리의 문자를 업신여기지 못할 것이다."

세종은 집현전 학사들과 실행하기 위한 전략을 세웠어요. 그 결과가 바로 《동국정운》이에요.

1448년 신숙주, 박팽년 등이 편찬한 《동국정운》은 '동쪽 나라(조선)의 올바른 소리'라는 뜻으로, 한자음을 소리 나는 대로 한글로 표기한 6권짜리 책이에요. 우리나라 최초로 글의 발음에 대해 연구한 책이지요.

《동국정운》의 발간으로 유학자들의 태도가 바뀌었어요. 한문을 한글로 바꾸어 쉽게 읽을 수 있게 되자 한문이라는 문자가 단지 지식과 지혜를 전달해 주는 도구에 불과하다는 것을 깨달았어요. 《동국정운》은 세종과 집현전 학사들의 기대를 받으며 전국 방방곡곡에 인쇄되어 배포되었어요. 세종은 초조하게 반응을 기다렸어요.

"《동국정운》이라?"

충청도의 한 젊은 유생이 관에서 배포 중인 《동국정운》을 접하고 호기심에 술술 넘겼어요. 푹 빠져서 보던 유생은 이내 책을 덮고 감탄스러운 표정을 지었어요.

"이런 놀라운 일이 있나?"

유생은 한걸음에 아버지가 훈장으로 계신 서당으로 달려가 책을 흔들었어요.

"아버지, 언문으로 표시된 책 보셨어요? 어찌나 읽기 쉽고 뜻도 익히기

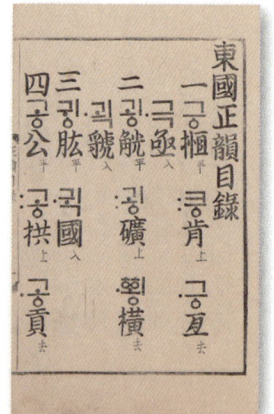

〈동국정운〉 표지와 그 본문

쉬운지 모릅니다. 우리가 발음하는 대로 읽을 수 있고, 또 쓸 수도 있으니 신기합니다. 그래서 더 재미있습니다."

"그래? 어디 한번 보자."

훈장은 《동국정운》을 며칠간 살펴보고 말했어요.

"이 책을 보니 정말 훈민정음을 익히면 바람소리와 닭의 울음소리도 표현하여 글로 쓸 수 있겠더구나. 이건 스스로 깨달을 수 있는 문자야. 게다가 훈민정음은 배우기도 쉬우니 부녀자나 아이들에게도 쉽게 가르칠 수 있겠어."

훈장은 극찬을 하며 서당의 아이들에게 한글도 함께 가르치기 시작했어요. 서당의 아이들은 어려운 한자만 보다가 훨씬 쉬운 한글을 접하자 신바람이 나 공부했어요. 짧은 기간 한글의 원리를 깨친 아이들은 집에 있는 어머니에게도 알려 주었어요.

"글을 모르는 어머니도 이제 쉽게 배울 수 있어요!"

아이들의 말에 반신반의하던 부녀자들 역시 정말 쉽게 익혔어요. 남녀노소 할 것 없이 모두 극찬하자 훈민정음에 대한 소문이 점점 더 퍼져 나가기 시작했어요.

"임금님께서 일자무식인 우리를 위해 이렇게 쉬운 문자를 만들어 주셨구나."

백성들 사이로 한글이 서서히 전파되자 세종은 하급 관리들을 뽑는 일부 시험에도 훈민정음 시험을 보게 했어요. 이쯤 되자 최만리 등 반대파

들은 넋을 잃고 백성들을 바라보았어요. 실제로 사용하는 일부 양반도 있었으니 반대할 명분이 사라지고 말았어요.

《동국정운》을 통해 유생들과 당시 지식인들에게 훈민정음을 접하게 한 세종의 전략은 성공적이었어요. 훈민정음으로 글을 읽고 쓸 수 있게 된 백성들의 생활은 이전과는 확연히 달라졌어요. 읽고 쓰기 어려운 한문을 배울 엄두조차 내지 못했던 백성들이 훈민정음은 적극적으로 익히려고 했어요. 억울함이 있어도 글을 몰라서 당하기만 하다가 그 억울함을 문자로 표현할 수 있게 됐으니까요. 애초에 세종이 무지한 백성들을 구제하려고 글을 새로이 만들었던 의도대로 된 거예요. 무엇보다 우리 글로 된 우리 책들과 기록을 갖게 되어 조선 시대가 문명국으로 향하게 되는 초석이 되었어요.

훈민정음 창제에 힘을 쏟는 동안, 세종의 몸은 점점 쇠약해지고 있었어요. 지병인 풍병과 갈수증(당뇨)에도 낮에는 왕으로서의 업무를 처리하고, 밤에는 쉬기보다 몰래 훈민정음 창제에 매달리느라 몸을 돌보지 않았어요. 어의는 세종을 적극적으로 말렸어요.

"전하, 너무 무리하시면 건강을 더 해치십니다. 밤에는 연구를 그만하시고 편하게 주무시는 게 좋을 듯합니다."

"끝내야 할 일을 끝내지 못하면 안 되오."

세종은 어의의 염려를 뒤로한 채 낮밤을 가리지 않는 연구에 계속 매진했어요. 몸은 점점 안 좋아져 급기야 손이 절로 떨리는 수전증이 왔고, 한쪽 눈은 짓물러 거의 감기다시피 했어요. 어느 날부터는 말까지 어눌하게 나왔어요. 세종은 처음으로 쉬고 싶다는 생각을 했어요. 하지만 이내 마음을 고쳐먹었어요.

'내가 한가로이 쉬면 그동안 집현전 학사들과 함께 고생한 모든 것이 물거품이 될 텐데……. 그전에 훈민정음을 완벽히 정리해야 해!'

세종은 오히려 훈민정음을 완성하기 전에 자신이 먼저 쓰러질까 걱정했어요. 건강을 돌보기보다 더 빨리 연구를 끝내는 쪽을 택한 거예요. 그렇게 힘들게 나온 훈민정음을 반포한 뒤, 세종의 건강은 몇 년간 급속도로 악화되었어요. 중풍이 심해져 글씨도 쓸 수 없었고, 백내장으로 시력도 거의 잃어 갔어요.

1450년 2월 초, 세종은 소헌왕후 사이에서 얻은 영응대군의 집으로 향했어요. 세종이 유난히 귀여워하던 막내아들이었어요. 그곳에 머문 지 10여 일이 지났을 무렵, 세종은 갑자기 위독해졌어요. 함께 있던 어의가 황급히 응급조치를 하려 했으나 마지막을 예감한 세종은 손을 저어 물리쳤어요. 세종의 숨소리가 점점 거칠어졌어요. 겨우 떴다 감았다 하는 세종의 눈은 허공을 향해 있었어요.

그사이로 하얀 옷을 입은 백성들의 모습이 보였다 사라지고 있었어요. 어렵고 힘없는 백성들을 위해 자신이 하고자 했던 일들이 주마등처럼 스쳐 지나갔어요. 집현전 학사들을 심사숙고해서 선별했던 기억이 떠올랐어요. 박연이 만든 악기로 처음 연주했던 우리 음악이 귓가에 맴돌았어요.

노비 출신 장영실을 등용해 새로운 발명품을 함께 개발하던 기쁜 순간도 손에 잡힐 듯 보였어요. 학사들과 밤을 새우며 쉬운 글을 만들기 위해 연구했던 나날도 생각났어요.

　어느새 세종의 입가에 살짝 미소가 번졌어요. 그리고 그토록 그를 괴롭히던 병을 훌훌 털어 버리고 먼 길을 떠났어요. 향년 54세, 왕위에 오른 지 32년째인 1450년 2월 17일이에요.

조선 왕조 오백 년 동안 세종이 다스리던 시대만큼 태평성대를 이룬 시기는 없어요. 백성들은 평안했고, 자주적인 문화 성립과 새로운 과학기술로 눈부신 발전을 이루었어요.

그 중심에는 세종대왕이 있었어요. 함부로 사람을 내치지 않았고, 신분이나 장애에 상관없이 모두 귀히 대했어요. 이런 왕의 신임을 받은 신하들과 함께였기에 조선 초기 혼란 속에서도 세종의 리더십은 더욱 빛이 날 수 있었어요.

그러나 무엇보다 세종을 지탱하게 해 준 근본은 조선의 이름 모를 백성들이었어요. 그들의 생업을 위해 농사에 도움이 될 만한 기술과 기구를 끊임없이 개발했고, 그들의 억울함을 직접 들어주기 위해 몸이 상하는 줄도 모르고 한글을 만들었어요. 백성 위에 군림한 왕이 아니라 모든 백성들을 차별 없이 사랑한 왕이었어요.

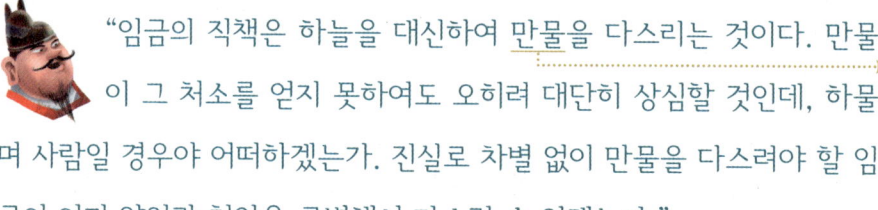

"임금의 직책은 하늘을 대신하여 만물을 다스리는 것이다. 만물이 그 처소를 얻지 못하여도 오히려 대단히 상심할 것인데, 하물며 사람일 경우야 어떠하겠는가. 진실로 차별 없이 만물을 다스려야 할 임금이 어찌 양인과 천인을 구별해서 다스릴 수 있겠는가."

-《세종실록》제37권, 세종 9년 8월 29일

서울시 종로구 세종로에 있는 세종대왕 동상
높이 6.2 m, 폭 4.3 m 규모로, 바로 아래 《훈민정음》 서문이 비석에 새겨져 있다.
2009년 한글날에 건립되었다.

세종대왕 뒷이야기

세종의 24시간

아침과 오전 시간

세종의 하루 일과는 해 뜨기 전, 기상을 해서 아침 공부 및 독서를 하는 것으로 시작됐어요. 아침 식사를 하고 궁궐 어른들에게 문안을 한 뒤, 편전으로 가서 국정 현안을 보고 받는 것으로 공식 일정을 보았어요. 그 후 당일 지정된 관료들에게 직접 업무를 보고 받고 지시를 내리는 윤대를 했어요. 그렇게 오전 일과를 마치고 나서 점심 식사를 했어요.

저녁 시간

저녁 식사 전후에 또 개인 공부를 하고 궁궐 어른들에게 문안 인사를 하면 공식적인 하루 일과가 끝났어요. 혹시 업무가 밀려 있을 때는 야간 집무를 해서라도 마쳐야 했어요. 이때 주로 백성들의 이야기인 구언을 직접 확인했어요.

오후 시간

점심 식사 후, 신하들과 경연을 진행했어요. 잠시 짬을 내어 개인 공부와 책을 읽고 상소 및 탄원서를 검토했어요. 그 후에는 지방관으로 발령되어 떠나는 신하나 중앙으로 승진해 오는 관료들을 만나서 격려해 주고 의견을 경청했어요. 그리고 당일 숙직하는 신하들의 명단을 꼼꼼히 검토했어요.

나에게 세종대왕은?

《훈민정음》을 간행할 때 서문을 제가 작성하게끔 하셨죠. 지금까지 세종 임금님의 여러 가지 지시로 많은 책을 펴내고 제도를 만들었지만, 이 작업이 가장 자랑스러웠답니다. 세종 임금님은 모르시는 일인데, 왕이 돌아가시면 비문을 작성해 세우는 신도비를 제가 작성한 영예를 얻었죠. 보고 싶습니다. 임금님!

정인지

장영실

저의 기술을 인정해 주고 궁중기술자로 일하게 한 것은 태종 임금님이었지만 그때만 해도 여전히 저는 관노의 신세였죠. 하지만 이후 세종 임금님께서는 관노의 신분에서 벗어나게 해 주셨고 상의원 별좌 자리에까지 오르게 해 주셨어요. 자격루 제작에 성공해 세종께서 정4품 벼슬인 호군관직을 내려 주려 할 때 다른 신하들의 반대가 심했는데도 뜻을 굽히지 않으셨죠. 세종 임금님이야말로 과학으로 세상을 바꾸려 하신 분이에요.

당시에는 음악으로 출세하기란 쉽지 않은 일이었어요. 그래서 음악적 재능과 열망을 숨긴 채 관료의 길을 걸었죠. 그러다 세종 임금님께서 저를 알아보시고는 음악적 재능을 발휘해 보라고 하셨죠. 세종 임금님의 배려와 지원이 아니었다면 저는 하고 싶은 일도 못하고 쓸쓸한 인생을 살아야 했을 거예요.

박연

벼를 베고 있는데 갑자기 임금님이 나타나셔서 얼마나 놀랐는지 몰라요. 농사가 잘되었냐고 물으시기에 올해는 흉작이라고 하니까 세금을 감면해 주는 정책을 내리셨어요. 너무 감사하죠!

백성 대표

삼복 더위에 감옥에 갇혀 물 한 모금 제대로 마시지 못할 때 임금님이 죄수들에게 냉수와 얼음을 먹을 수 있도록 해 주셔서 긴 옥살이를 버틸 수 있었지요.

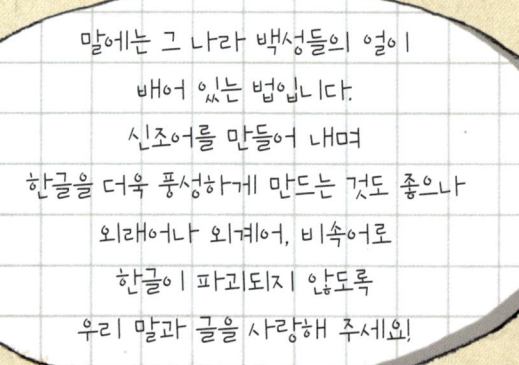

말에는 그 나라 백성들의 얼이
배어 있는 법입니다.
신조어를 만들어 내며
한글을 더욱 풍성하게 만드는 것도 좋으나
외래어나 외계어, 비속어로
한글이 파괴되지 않도록
우리 말과 글을 사랑해 주세요!